אסתי סימונס

מִפֶּה לְשָׁם

חוברת העשרה
לעברית מן ההתחלה א החדש

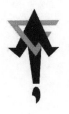

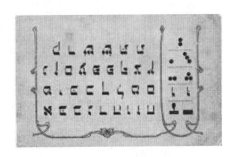

Esti Simons
From Here to There
Supplementary for Hebrew from Scratch 1
In an updated edition

ההפצה: הוצאת מאגנס
טלפקס 02-6584352
shlomi@magnespress.co.il
www.magnespress.co.il

עריכה ועימוד: נועה וינברג
הביא לדפוס: אורי הראל

מסת״ב ISBN 978-965-350-151-5
מסת״ב ספר אלקטרוני eBook ISBN 978-965-350-152-2

Printed in Israel 2019

הקדמה

חוברת זו הינה חוברת תרגילים המלווה את הספר **עברית מן ההתחלה א' במהדורה המחודשת**.

החוברת מיועדת הן למורים לפעילות העשרה והן כפעילות לתלמידים לתרגול עצמי בבית. החוברת מחולקת לפרקים לפי תוכני הספר: בכל שיעור בחוברת יש חזרה על אוצר המילים ועל המבנים התחביריים והמורפולוגים שנלמדו באותו שיעור בספר.

בסוף החוברת מופיעים פתרונות לתרגילים שבספר, דבר המקל על הלומד העצמאי וכן על בדיקת שיעורי הבית.

תודה לנועה וינברג על העימוד והעריכה.

תודה לאוֹרי הראל על עזרתו בהבאה לדפוס.

תוכן

יחידה 1

כותבים

אתם כותבים: מי ***אתְ?***

Complete the sentences from the list below:

את __________________.

אתה __________________.

אני __________________.

__________________ אימא.

__________________ מָאיָה.

__________________ היא?

~~אתְ~~, היי, מי, היא, נתן, תמי, מתי

דיאלוג:

משלימים את הדיאלוג:

Complete the dialogue:

1.	2.
- היי, אני תָמִי. - אה, __________ תָמִי? - היי, __________ מָתִי. - אה, אתה __________?	- מָאיָה? אנה? תָמִי? מי את? - אני אָנָה. - __________________? - __________________ תמי.
3.	**4.**
- אתה מָתִי? - אני מתי. מי __________? - אני? אני נָתָן.	- מי היא? - נִינָה - __________________ היא? - היא מָאיָה.

מה בתמונה? – What's in the picture?

יין, מים, אימא, מתנה, ים

____

____

____

____

____

____

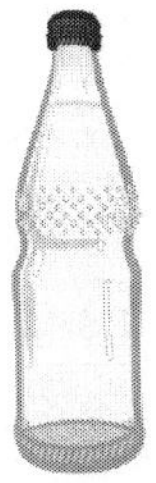

יחידה 2

זכר או נקבה

Write the opposite: feminine or masculine form
♂/♀

אתם כותבים:

ילדה   ילד

_____   אני תלמיד

_____   אתה ילד

את אישה _____

דיאלוג

Write in cursive

אתם כותבים:

_____   דינה: היי, אני דינה. מאין אתה?

_____   דניאל: אני מֵאַנְגְלְיָה. מאין את?

_____   דינה: גם אני מֵאַנְגְלְיָה.

_____   דניאל: מאין היא? היא מִיִשְׂרָאֵל?

_____   דינה: לא, היא מִגֶּרְמַנְיָה.

מה בתמונה?

הר, דגל, איש, אישה, גלידה, שמש, תלמיד, ילדה

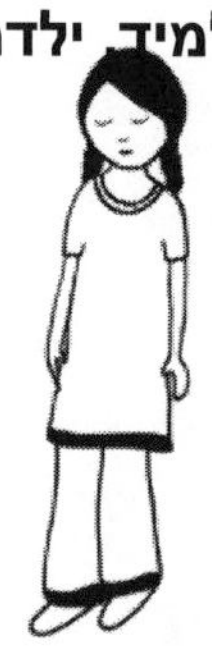

What's in the picture?

_____

_____

_____

_____

_____

_____

יחידה 3

דיאלוג

אתם כותבים:

Write in cursive

- שלום, מאין אתה?   שלום מאין אתה?
- אני מאנגליה. ואת? ______________________
- אני מישראל. ______________________
- אתה לומד אנגלית? ______________________
- לא, ואת? ______________________
- אני לומדת אנגלית. ______________________
- מה אתה לומד? ______________________
- אני לא לומד. אני מורֶה. ______________________
- אה, להתראות. ______________________

יחיד - רבים

אתם כותבים:

Write in plural:

דוגמה: אתה ילד.   אתם ילדים.

1. אתה מישראל. ______________________
2. אתה לא מורה. ______________________
3. היא ילדה. ______________________
4. את תלמידה. ______________________
5. אתה תלמיד. ______________________

זה או זאת?

זה ילד   זאת תלמידה

______ לימון   ______ גלידה   ______ תה   ______ תלמיד

______ איש   ______ ילדה   ______ אישה   ______ לחם

לחם

יחידה 4

דיאלוג

אתם כותבים:

Write in cursive:

שלום,   *שלום,*

- שלום, אני גילי.   *שלום, אני גילי.*

- נעים מאוד. אני רון.   _____

- אני מקנדה.   _____

- ואני מישראל.   _____

- שלום, שלום.   _____

דיאלוג: מה אתה לומד?

אתם כותבים:

Write in cursive:

- היי, מי אתה?   *היי, מי אתה?*

- אני דויד, ואני סטודנט.   _____

- אני לא סטודנטית. אני מורה.   _____

- מה אתה לומד?   _____

- אה, מוזיקה, דרמה,   _____

טלוויזיה...

- נעים מאוד.   _____

יחיד – רבים

אתם כותבים ברבים:

Write in plural:

דוגמה: אני סטודנט   *אנחנו סטודנטים*

1. הוא לא תלמיד.   _____

2. אני גרה שם.   _____

3. מה היא רוצה?   _____

4. מאין אתה?   _____

5. מאין את?   _____

6. אני לומד רוסית.   _____

7. מה היא עושה שם?   _____

<u>מה השאלה:</u> מי? (מי זה? מי זאת? מי אלה?...) מה? (מה זה?...), מאין?

דוגמה: <u>מי זה?</u> זה דויד.

____________? זה מיץ ____________? זה תה עם לימון

____________? אני מאיטליה. ____________? אלה ילדים.

____________? זאת דינה. ____________? אני סטודנטית.

<u>מה נכון?</u>

מה נכון: Choose the correct option:

1. דויד ____________ עברית.
(לומד / לומדת / גר)

2. ____________ שרה.
(זה / זאת / מה)

3. - ________ זה? - מיונז.
(מי / מה)

4. הם ____________________.
(ילד / תלמידה / ילדים)

5. ______________ גרות שם.
(היא / אתה / הן)

6. - מה ____________? - זה שוקולד.
(זה / זאת)

7. __________ תלמידות.
(אתם / אתן)

8. הוא רוצה תה ______________ קצת לימון.
(מיץ / עם / לא)

9. - ______________________? - בסדר.
(להתראות / סליחה / מה נשמע)

10. הן תלמידות. הן ____________ אנגלית.
(לומדת / לומדות)

<u>מה נכון?</u>

מה נכון: Write the correct answer

דוגמה: מי גר שם? <u>יעל גרה שם</u>

לאן? ______________ מאין הם? ______________

מי זאת? ______________ מה נשמע? ______________

מה את שותה? ______________ אתם רוצים מיץ? ______________

~~יעל~~/ קצת מים/ מצוין/ זאת חנה/ לסרט/ ממקסיקו/ כן, תודה

יחידה 5

עוגה

מה נכון?

מה מתאים למה?

Match the words

ים	מורים
יין	סטודנטית
מורים	ים
משפחה	תלמידה
תלמידה	משפחה
סטודנטית	מיץ
מיץ	כיתה
כיתה	עוגה
עוגה	שיר
פיצה	יין
שיר	פיצה

יין

מה נכון?

Choose the correct option:

1. אני רוצה תֵה עם הרבה **סוכר/ יש/ לא**.
2. את **עושה/ לומדת/ רוצה** היסטוריה?
3. הוא **מדבר/ גר/ מדברת** רק אנגלית.
4. אתה **שותה/ מדבר/ גר** רק מיץ.
5. הם **לומד/ לומדים/ גרה** באוניברסיטה.
6. אנחנו לא **גרות/ מדברות/ שותות** איטלקית.
7. הוא לא תלמיד, הוא **מורה/ מורים/ תלמידה**.
8. אתה רוצה יין או **שם/ בירה/ בסדר**?
9. - מה נשמע? - **גם/ מצוין/ קצת**.
10. היא **שותה/ לומדת/ גרה** קוקה קולה.
11. אתם מדברים **יפן/ עברית/ אנגליה**?
12. את רוצה עוגה או **גלידה/ יש/ אין**?
13. זה **פיתה/ אשכולית/ שוקולד**.
14. זאת **גלידה/ ספר/ ילדים**.
15. אלה **מצוין/ ילדים/ תֵה**.
16. אתן **גרה/ גרות/ גרים** פה?
17. יש בסלט **משפחה/ מלח/ אין**?
18. הוא סטודנט, והיא **סטודנט/ תלמיד/ סטודנטית**.

<u>מה נכון</u>

<u>דיאלוג: זאת תל אביב</u>

אתם כותבים: זה, זאת, אלה — Add *this* in the correct form

- **זאת** תל אביב, ו**זה** הים של תל אביב.
- אה. ו_________ האוניברסיטה?
- לא. האוניברסיטה לא פה, האוניברסיטה שם.
- ומה_________?
- _________ הקניון של רָמַת אָבִיב.
- הקניון ברמת אביב?
- כן.
- ואיפה האוניברסיטה?
- שם, ליד הקניון.
- ומי **אלה**?
- _________ סטודנטים. הם לומדים באוניברסיטה.
- תודה.

קניון – shopping mall

איפה – where

<u>יש או אין</u>

כותבים בנגטיב ≠ יש

או אין — Write the opposite

דוגמה: **יש** פה ילדים? — אין פה ילדים

יש פה הרבה תלמידים?	____________	יש תה עם עוגה?	____________
יש שם ים?	____________	יש פה סופרמרקט?	____________
יש סוכר בסלט?	____________	יש פה הרבה ילדות?	____________
יש פה מוזיאון?	____________	____________?	אין פה יין.
____________?	אין בירה.	____________?	אין לימון בתֵה.

כותבים: אני, אתה, את, הוא...   Write the correct pronoun

דוגמה: זה דויד. _הוא_ מירושלים.

1. **דינה** סטודנטית. _____ לומדת היסטוריה.

2. **רן** תלמיד. _____ תלמיד בכיתה א'.

3. **יוסף ורחל** לומדים פה. _____ לומדים עברית.

4. - **את** גרה בתל אביב? - כן, _____ גרה שם.

5. - **אתם** רוצים מים? - כן, תודה, _____ רוצים מים.

6. - _____ מורות? - לא, **אנחנו** תלמידות.

אני

אתה – את

הוא – היא

אנחנו

אתם – אתן

הם – הן

יחידה 6

הפכו לרבים: Write in plural

דוגמה: אתה עובד בבנק   *אתם עובדים בבנק*

1. דויד **קורא** ספר.   דויד ומירי _____

2. אני **מדברת** רק עברית.   _____

3. את **רוצה** קפה עם חלב?   _____

4. הוא **גר** ליד הים.   _____

5. מה את **עושה** עכשיו?   _____

6. היא **לומדת** פילוסופיה.   _____

7. אתה **אוהב** אבוקדו?   _____

8. לאן את **הולכת?**   _____

9. את **גרה** פה?   _____

10. אתה **רוצה** מיץ עכשיו?   _____

11. אתה **כותב** מכתב באנגלית.   _____

12. היא **באה** מהבית.   _____

אתם כותבים כמו בדוגמה: Fill in the missing words

דוגמה: הוא *קורא* ספר באנגלית.

1. הוא _____ **לשיעור** באוניברסיטה.

2. הם _____ **מאמריקה.**

3. מה אתה _____ עכשיו? אתה לומד?

4. אתם _____ קפה?

5. הן _____ עברית וצרפתית.

6. הן לא _____ עוגה עכשיו.

7. את _____ גלידה?

8. את _____ **לאולפן.**

9. הן _____ **מהמסעדה.**

10. אני _____ מכתב לאימא.

_____

כותב, באות, אוהבים, הולך, רוצות, באים, עושה, מדברות, הולכת, אוהבת

חזרה על היחידות
Choose the appropriate option
מה נכון:

1. **מה/ לאן/ איפה** אתה הולך?

2. הם **קוראים/ כותבת/ אוהב** הרבה ספרים.

3. הוא הולך **במסעדה/ למסעדה/ מסעדה.**

4. **זה שעה?/ מה השעה?/ מי השעה?**

5. **מאין/ איפה/ מה** אתם באים?

6. הן **באה/ באים/ באות** מאמריקה.

7. אתה **יודע/ יודעת/ מדברת** ספרדית?

8. יש קפה, אבל **יש/ אין/ לא** חלב.

9. - איפה המסעדה? - המסעדה לא פה, היא **אין/ שם/ לאן.**

10. הוא איש, <u>והיא</u> **איש/ אישה/ חבר.**

11. את **כותב/ קוראת/ שותה** ספר באנגלית?

12. 10:45 – השעה: **עשר ורבע/ רבע לעשר/ רבע לאחת עשרה.**

13. - אתה רוצה קפה ועוגה? - לא קפה ולא עוגה, **גם/ רק / יש** מים בבקשה.

14. יש פה טלוויזיה, **אבל/ רק/ אין** היא לא בסדר.

15. - זאת רינה, וזה דניאל... - אה, **זאת/ זה/ אלה** תלמידים באולפן.

16. בבית יש יין, ו **אין/ יש/ אבל** <u>גם</u> בירה.

17. - הינה הקפה. - **סליחה/ בבקשה/ תודה.**

18. - יש פה עוגות? - כן, יש פה **מאוד/ הרבה/ אבל** עוגות.

19. - אתה אוהב ספורט? - כן, אני **יש/ הרבה/ מאוד** אוהב ספורט.

פסק זמן א'

השלימו את המשפטים   Complete the sentences using the correct form

1. אתה יודע _____?

- כן, עכשיו שש _____. (6:15)

- תודה.

2. - מה את _____ ב _____ (8:30)?

- ב- 8:30 אני _____ לשיעור באוניברסיטה.

3. – עכשיו רק 9:00. הקונצרט ב_____ (9:45). - יופי, איזה מזל!

4. - זה דויד, _____ מירה, ו_____ הילדים של דויד ומירה.

5. סליחה, אולי את _____ איפה המוזיאון ברמת אביב?

6. הוא לא רוצה חברים עכשיו, הוא רוצה _____.

7. - את _____ קפה?

- לא תודה. אני לא _____ קפה.

8. הם _____ מהבית, והם הולכים לקפיטריה.

_____

עושה, רוצה, שותה, הולך, בא, יודע

שמונה, וחצי, אלה, זאת, רבע ל, עשר, מה השעה, שקט, ורבע

אתם כותבים מה נכון: Write the appropriate verbs in the correct form:

דַפְנָה _____ בירושלים. היא מורה ליוגה.

היא _____ יוגה עם תלמידים, אבל בשבת היא לא עושה יוגה.

בשבת היא _____ לחברים. הם _____ בעברית וגם באנגלית,

_____ יין ו_____ שירים של שבת.

_____

שותה, הולך, מדבר, גר, עושה, שר

<u>דויד</u>

שלום, אני **דויד**.

מאיפה אני? אני לא מישראל, אני מקנדה, אבל עכשיו אני גר פה.

מי אני? אני סטודנט באוניברסיטה. אבל אני לומד גם בכיתה וגם בבית.

מה אני עושה בערב? בערב אני קורא חדשות או כותב מכתבים במחשב. אני גם אוהב ספורט והולך לים עם חברים.

יש חברה? כן, יש חברה- **טָלִי**. היא מישראל. אנחנו מדברים אנגלית וקצת עברית. היא לא לומדת, היא הולכת לסרטים, למוזיאון וגם לקונצרטים. היא עושה חיים.

בשבת אנחנו הולכים למשפחה של **טלי**. המשפחה של **טלי** גרה ברמת אביב.

מה אני רוצה בחיים? הרבה חברים וגם משפחה.

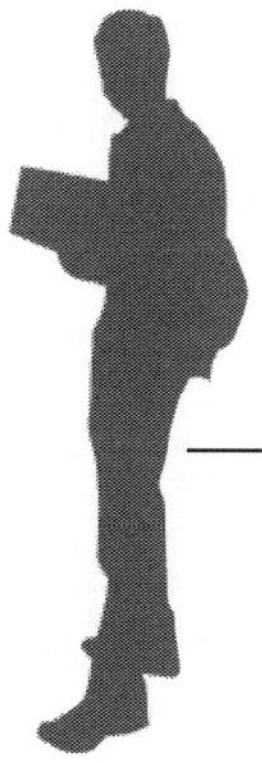

מה דויד עושה?____

חיים - life

<u>מרים ודניאלה</u>

שלום, אנחנו **מרים ודניאלה**. אנחנו יודעות אנגלית וגם צרפתית וקצת עברית.

בבוקר אנחנו לומדות באולפן, האולפן בתל אביב. יש שם הרבה תלמידים מכל העולם. באולפן קוראים וכותבים בעברית וגם מדברים על החיים.

בערב אנחנו הולכות לסינמטק בתל אביב, אנחנו אוהבות סרטים באנגלית וגם בצרפתית. אנחנו כותבות ב**פֵייסבּוּק** לחברים ולמשפחה על החדשות מישראל. אנחנו "עושות חיים" בתל אביב.

בתל אביב יש ים והרבה מסעדות.

בשבת אנחנו הולכות לים עם חברים ושותות שם בִּירה.

מה מרים ודניאלה עושות בבוקר ובערב?

____

בוקר - morning

ערב - evening

<u>מכתב מדניאל:</u>

שלום רון,

עכשיו אני באולפן של האוניברסיטה בתל אביב. אני לומד עברית בכיתה א'.

הסטודנטים בכיתה קוראים ____________ בעברית,

כותבים ____________ בעברית, וגם שרים שירים בעברית.

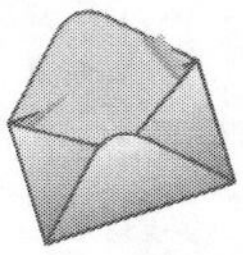

רק אני לא יודע עברית.

ה____________ טובה מאוד. היא מישראל, אבל היא מדברת גם

אנגלית וגם ספרדית.

אני גר עכשיו ב____________ הסטודנטים.

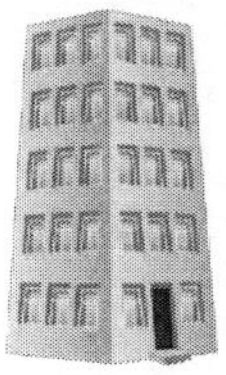

יש פה ____________ מכול ה________ .

איפה אתה? מה אתה עושה? אתה לומד? איפה אתה גר עכשיו?

להתראות, דְרִישַת שלום ל________

דניאל

מְעוֹנוֹת - dorms

שיעור 1

דיאלוגים קטנים

אתם כותבים את המילים:

א. - איך הולכים לקניון?

- ישר ואז __________.

- את __________ איפה הבנק?

- כן, שם.

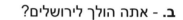

ב. - אתה הולך לירושלים?

- אני לא הולך, אני __________ באוטובוס.

חַם – hot

חדש – new

קניון – shopping mall

ג. - סליחה, הקפה לא חַם.

- אני __________. אולי אתה רוצה קפה חדש?

- כן, תודה.

ד. - בבוקר אני קונה __________ בחנות.

- גם אני.

ה. - מה __________ ברדיו?

- מוזיקה וחדשות.

ו. – אוֹרי, עכשיו שתים עשרה?

- כן, עכשיו __________.

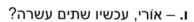

ז. - אתה שומע שירים בעברית?

- לא הרבה. אני לא __________ עברית.

ח. - מה __________ הטלפון בבית?

- אין טלפון בבית, יש רק **סְמַרְטְפוֹן**.

יודעת, מבין, שומעים, מצטער, נוסע

מספר, לחמנייה, ימינה, צהריים

<u>פעלים</u>

אתם כותבים את הפועל בצורה הנכונה:

1. הוא ___________ באוטובוס מהאוניברסיטה לרחוב **דיזנגוף**. (**רוצה, הולך, נוסע**)

2. אתן ___________ ברחוב **איינשטיין**? (**גר, כותב, יודע**)

3. אתם לא ___________ קוקה קולה. (**בא, שותה, שר**)

4. מירי ___________ ספר בספרייה. (**יודע, קורא, לומד**)

5. רחל ותמי ___________ לחמנייה ומים בחנות. (**עובד, קונה, הולך**)

6. רון ___________ בבנק. (**עובד, עושה, רוצה**)

7. הם ___________ שירים באנגלית. (**שומע, שותה, מדבר**)

8. הילדה ___________ גם צרפתית וגם עברית. (**מדבר, עובד, גר**)

9. הוא ___________ עכשיו מהאוניברסיטה. (**בא, לומד, עושה**)

10.- סליחה, את ___________ מה השעה? (**רוצה, יודע, בא**)

- כן. עכשיו שבע וחצי.

11.- איך ___________ לים? (**שותה, קונה, הולך**)

- ישר, ישר ושמאלה.

12.- איך ___________ לאילת? (**הולך, נוסע, קונה**)

- באוטובוס.

13.- איפה ___________ פלאפל טוב? (**קונה, שותה, הולך**)

- ברחוב **קִינְג ג'וֹרְג'** בתל אביב.

שמות בנקבה: ___ ה --- ______ ות

ה	**ות**			**יות**			**ים**
בננה	בננ**ות**		חנות	חנ**ויות**		אישה	**נשים**
מסעדה	מסעד**ות**		סטודנטית	סטודנט**יות**		עיר	**ערים**
משפחה	משפח**ות**		אשכולית	אשכול**יות**			
מורה	מור**ות**		ספרייה	ספר**יות**			
ילדה	ילד**ות**						
עוגה	עוג**ות**						
כיתה	כית**ות**						
שעה	שע**ות**						

<u>מספרים</u>: אחת, שתיים (שתי), שלוש, ארבע, חמש, שש, שבע, שמונה, תשע, עשר

אתם כותבים כמו בדוגמה:

דוגמה: 3 - עוגה -- שלוש עוגות

2 - ילדה - ______________________

1 - גלידה - ______________________

4 - בננה - ______________________

5 - פיתה - ______________________

7 - לחמנייה - ______________________

10 - תלמידה - ______________________

8 - משפחה - ______________________

9 - חנות - ______________________

6 - סטודנטית - ______________________

מספרים בחנות

אתם כותבים את המספרים:

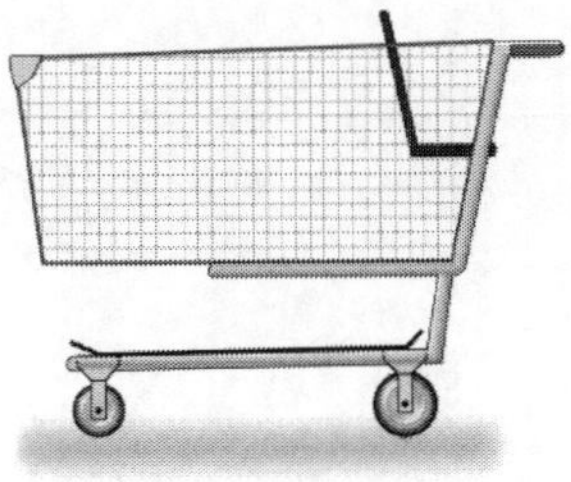

- שלום אני רוצה פיתות.
- כמה פיתות?
- שתיים.
- הינה _____ פיתות.
- אני רוצה גם לחמניות.
- כמה לחמניות?
- אה, אולי... ארבע.
- בסדר, הינה _____ לחמניות.
- אני רוצה גם בירות.
- כמה בירות?
- חמש.
- טוב. הינה _____ בירות.
- וגם גלידה טובה.
- כמה?
- אני רוצה רק גלידה _____.
- זה הכול?
- כן, יופי, תודה.
- בסדר. אז יש פה: _____ פיתות, _____ לחמניות,
  _____ בירות, וגלידה _____.

עוזי רותם

<u>תפזורת פעלים (עד שיעור 1)</u>

ש	ס	ל	ה	נ	י	ב	מ	י	ר	ש	ג
ו	ת	ר	ב	ד	מ	י	ע	ס	ו	נ	י
מ	ק	ע	ז	ס	ח	א	פ	ת	ט	מ	ו
ע	א	ש	ר	ק	צ	י	ה	ק	כ	ל	ד
ת	ו	ב	ה	ו	א	ש	ו	ד	ב	ו	ע
ד	מ	י	כ	ר	ט	נ	א	ע	ר	מ	ה
ת	ר	ג	ל	א	ו	י	כ	ת	ח	ד	ז
ב	ר	נ	ה	ת	ה	צ	ו	ר	ת	ע	ו
ה	ח	מ	א	ר	ז	ג	ת	ו	ו	ב	פ
ת	ר	ע	ט	צ	מ	נ	ב	ש	ס	ט	ק
ג	פ	ז	מ	י	ח	מ	י	כ	ל	ו	ה
ש	ק	ת	ו	א	ב	מ	מ	ו	ע	כ	צ

אתם כותבים את הפעלים נכון:

הוא **מדבר** אנגלית, והיא <u>מדברת</u> ספרדית.

1. אני **לומדת** עברית. גם אתה ____________________ עברית.
2. יוסי **גר** בירושלים, ודינה ____________________ בתל אביב.
3. אני **הולכת** לסרט. לאן אתם ____________________?
4. אנחנו **שותים** מיץ, ואתה ____________________ רק מים.
5. אני **קורא** ספר. מה את ____________________?
6. התלמידים **באים** לכיתה. גם התלמידות ____________________.
7. אנחנו **עובדים** פה. איפה אתה ____________________?
8. אני **עושה** יוֹגָה. גם דנה ויונתן ____________________ יוגה.
9. אני לא **מבין** מה הוא אומר. את ____________________?

10. אנחנו **כותבות** אִי-מֵייל, אבל אתם לא _____.

11. אני **אוהב** שוקולד. גם אתן _____ שוקולד?

12. המורה **שרה** שיר, אבל התלמידים לא _____.

13. כולם **רוצים** פִּיצָה. רק יעלי _____ פַּסְטָה.

14. הילד **שומע** שיר. גם הילדה _____ שיר.

15. אני לא **יודעת** איפה הספר. אולי אתה _____?

16. אני **קונה** לחמנייה. מה אתן _____?

17. הוא **מצטער**, וגם היא _____.

18. אני **אומרת** "שלום", ואתה _____ "להתראות".

19. אנחנו **נוסעות** לחיפה. לאן אתם _____?

שאלות

אתם כותבים בסתמי כמו בדוגמה:

דוגמה: אתה נוסע לירושלים   *איך נוסעים* לירושלים?

1. את הולכת לים.   איך   _____?

2. אני קונה פיצה.   איפה   _____?

3. הוא לומד באולפן.   מה   _____?

4. את נוסעת לאוניברסיטה.   איך   _____?

5. אתם שותים בקפיטריה   מה   _____?

6. היא עושה יוגה   איך   _____?

7. הם עושים פיקניק   איפה   _____?

8. הוא קורא בספרייה   מה   _____?

9. אתם אומרים היי בעברית   איך   _____?

<u>מכתב מאימא:</u>

שלום דויד,

איפה אתה? אתה בסדר? אתה לא כותב באינטרנט ולא מדבר בסקייפ (**Skype**). אני לא יודעת מה אתה עושה בבוקר, ומה אתה עושה בשבת. אתה גר עם חברים טובים? אתה הולך לים? אתה לומד?

איפה אתה בערב? בבית, בקפיטריה או במסעדה?

אתה שותה הרבה בירה עם חברים? (זה לא טוב).

ותל אביב? חם שם מאוד? תל אביב יפה?

דויד, בבקשה, יש אינטרנט, יש טלפון.

אימא

חם – hot

יפה – pretty

אתם כותבים מכתב תשובה –Write an answer

שלום אימא,

שיעור 2

גרים באוהל (אוֹגוּסְט 2011)

ברחוב **רוֹטְשִילְד** יש הרבה אנשים בלי בית. הם גרים באוהל קטן.

- שלום, אנחנו מהחדשות בטלוויזיה. מי אתם?
- אנחנו אנשים בלי בית. אנחנו סטודנטים, אבל יש פה גם אנשים עם עבודה, אבל בלי כסף.
- איפה אתם גרים, ברחוב?
- כן, עכשיו אנחנו גרים ברחוב רוטשילד באוהל.
- זה אוהל טוב?
- לא, האוהל קצת קטן.
- אה, כמה אוהלים יש פה?
- אני לא יודע, יש פה הרבה אוהלים.
- מה אתם רוצים?
- אנחנו רוצים דירה. אנחנו לא רוצים דירה גדולה, רק דירה קטנה, אבל טובה. כל הדירות בתל אביב יקרות ולסטודנטים אין הרבה כסף.

כסף – money

יקר – expensive

- אתם עובדים?
- כן, הרבה סטודנטים עובדים, ויש פה אנשים עם עבודה אבל בלי דירה. אנחנו רוצים דירות טובות ולא יקרות, ואולי גם עבודה טובה.
- מה אתם עושים פה בערב?
- בערב באים לרחוב הרבה אנשים, הם באים עם אוכל, עם ספרים ועם מוזיקה.
- אה, אז "כיף" פה בערב. נכון?
- כן, אנחנו רוצים פה אנשים, אנחנו לא רוצים שקט, אבל זה לא פסטיבל.
- טוב, תודה רבה.

אוהל

מה האנשים רוצים?

____

____

מילות שאלה: מה? מי? איפה? לאן? מאין/מאיפה? מתי? כמה? איך? איזה? (איזו? אילו?)

אתם כותבים מה השאלה:

דוגמה: *לאן אתה הולך?* לאוניברסיטה.

1. _____? **בשעה שבע.**

2. _____? **לקונצרט** בפארק.

3. _____? היין **מישראל.**

4. _____? הוא אוהב **מוזיקה קלאסית.**

5. _____? הן הולכות **לים.**

6. _____? דנה **בבנק.**

7. _____? עכשיו **רבע לשלוש.**

8. _____? **בצהריים.**

9. _____? יש פה **חמש בננות.**

10. _____? הולכים **ישר ושמאלה.**

11. _____? אנחנו באים **מהגינה.**

12. _____? אני קורא **ספר היסטוריה.**

13. _____? זאת **יעל.**

14. _____? הסטודנט **מאמריקה.**

15. _____? **שלוש** פיתות.

א. יחיד או רבים

אתם כותבים ברבים:

דוגמה: תלמיד טוב ← *תלמידים טובים*

1. ילד טוב _____

2. ילדה נחמדה _____

3. אישה יפה _____

4. איש טוב _____

5. שולחן קטן _____

6. עיר עתיקה _____

7. מלון חדש _____

8. ספר ישן _____

9. סטודנטית נחמדה _____

10. רחוב גדול _____

11. עוגה מצוינת _____

12. עץ יפה _____

13. גינה גדולה _____

14. רחוב מיוחד _____

15. בית מודרני _____

ב. יחיד או רבים

אתם כותבים ביחיד:

דוגמה: אלה גינות יפות ----- *זאת גינה יפה*

1. דירות ישנות _____

2. אלה ילדות יפות _____

3. נשים נחמדות _____

4. בחורות טובות _____

5. חנויות קטנות _____

6. אלה בתים מצוינים _____

7. אנשים גדולים _____

8. שולחנות עתיקים _____

9. ערים מיוחדות _____

10. אלה רחובות נחמדים _____

<u>**קפה קטן בתל אביב -"the Streets"**</u> או בעברית "הרחובות".

אתם כותבים מה נכון:

ברחוב **הנְבִיאִים** ו**קִינְג ג'וֹרְג'** יש קפה <u>נחמד/ נחמדה</u> ולא <u>גדול/ גדולה</u>.

יש שם עוגות <u>מצוין/ מצוינות</u> וגם לחם <u>מיוחד/ מיוחדת</u>.

יש שם בירה <u>טוב/ טובה</u>, ויין <u>טוב/ טובה</u> גם מישראל וגם מצרפת.

יש גם סלטים <u>קטנים/ קטנות</u>, אבל <u>טוב/טובים</u>, ויש סְטֵיקִים <u>מצוין/ מצוינים</u>.

יש שם הרבה אנשים גם ביום וגם בלילה. בקפה **the Streets** יש הרבה סטודנטים הם שותים הרבה קפה, כותבים במחשב או מדברים עם חברים.

בקפה: אתם כותבים: <u>אֵיזֶה, אֵיזוֹ, אֵילוּ</u>

- קפה, תה, גלידה, עוגה או סלטים?
- אני רוצה קפה טוב.
- _______ קפה אתה רוצה? גדול או קטן?
- קטן עם חלב סויה. ואולי גם עוגה.
- _______ עוגה? יש עוגה טובה עם גלידה.
- לא, אני לא רוצה עוגה עם גלידה. _______ סלטים יש פה?
- סלט חסה מצוין או סלט טונה.
- אה. אז אולי רק קפה קטן, בבקשה.

אתם כותבים מה נכון:

1. הם גרים בדירה קטנה **עם/ ב/ ליד** הים.
2. סליחה, **איפה/ מה/ מתי** השירותים?
3. – איפה נועה? – **זה/ זאת/ היא** לא בבית.
4. זאת חנות **מיוחד/ מיוחדת/ החדשה**.
5. יש פה הרבה נשים **נחמדה/ נחמדים/ נחמדות**.
6. בדירה יש מטבח **גדול/ גדולה**, שירותים **חדש/ חדשים**, ומקלחת **ישן/ ישנה**.
7. הוא הולך **לפעמים/ נכון/ עבודה** לקונצרט או לסרט.
8. בירושלים יש רחובות יפים ו **מיוחד/ מיוחדים/ מיוחדות**.
9. זה שולחן עתיק וטוב וגם זה שולחן עתיק. **זה/ זאת/ אלה** שולחנות עתיקים מאוד.

10. ליד המוזיאון יש גינה לא **גדול/ גדולה** עם עצים יפה/ **יפים**.

11. **מאיפה/ איזה/ איפה** את באה?

12. אני אוהב דירות **מיוחד/ מיוחדים/ מיוחדות**.

13. **מה/ איזה/ איך** ספר אתה קורא עכשיו?

14. **איזה/ איזו/ איך** מוזיקה את אוהבת?

15. אני רוצה **אחת/ שתי/ שתיים** עוגות, ופיתה **אחת/ שתיים/ שתי**.

שיעור 3

שמות בזכר: - ים (וגם – ות)

עוזי רותם

___ים				___וֹת	מיוחד
אוטובוס	ילד	סטודנט	קיבוץ	כיסא	איש – אנשים
בחור	סלט	בנק	לימון	שולחן	בית – בתים
שיעור	מוזיאון	ספר	מיץ	מלון	יום – ימים
שיר	מורה	סרט	חדר	מקום	
הר	מחשב	עץ	חבר	רחוב	
מטבח	תלמיד	רהיט	מכתב	ארמון	
טלפון	מספר	ציור	שקל		

אחד, שניים (שני-), שלושה, ארבעה, חמישה, שישה, שבעה, שמונה, תשעה, עשרה

אתם כותבים את המספרים עם שמות העצם:

3 חדר - שלושה חדרים   7 סטודנט - ____________

4 מורה - ____________   1 מטבח - ____________

5 ספר - ____________   2 כיסא - ____________

1 שולחן - ____________   2 ילד - ____________

9 בית - ____________   10 בחור - ____________

6 שקל - ____________   8 רחוב - ____________

אתם כותבים ברבים עם שם תואר:

גדול, קטן, חדש, ישן, עתיק, מודרני, טוב, יפה, מצוין, נחמד, מיוחד, ציבורי

תלמיד תלמידים טובים   ספר: ____________   שולחן: ____________

מקום: ____________   כיסא: ____________   עץ: ____________

איש: ____________   חבר: ____________   ציור: ____________

הר: ____________   רחוב: ____________   שיעור: ____________

אתם כותבים ברבים:

דוגמה: אני גר בדירה יפה. *אנחנו גרים בדירות יפות.*

אני גרה בבית ישן.

_____

זה מקום מיוחד.

_____

אתה קונה בחנות.

_____

המקלחת לא חדשה.

_____

היא אישה נחמדה.

_____

הוא יושב וקורא בספרייה.

_____

זה רחוב קטן ויפה.

_____

לפעמים הוא אוכל בננה בבוקר.

_____

היא מטיילת עם חבר ליד הים.

_____

זאת דירה מיוחדת ויפה.

_____

אתם כותבים את הפועל בצורה הנכונה:

הן	הם	היא	הוא
			גר
	הולכים		
		לומדת	
שותות			
			מדבר

<u>וגם:</u>   גר-   בא, שר

הולך, לומד-   עובד, כותב, קורא, אומר, נוסע, יודע, אוכל, יושב

מדבר-   מטייל

שותה-   רוצה, עושה, קונה

אתם כותבים את המילים מהרשימה:

1. **בניו יורק** יש מסעדה _____ עם פלאפל מצוין.

2. אנחנו גרים במלון של סטודנטים, אנחנו גרים ב_____ קטנה.

3. פה השירותים של הנשים, ופה השירותים של ה_____ .

4. הוא לא לומד ולא עובד עכשיו. הוא רק _____ בעולם.

5. אני לא רוצה פיצה, אני רוצה משהו _____ .

6. הסטודנט הזה לא עושה ספורט, הוא רק _____ ולומד בספרייה.

7. **בירושלים** יש הרבה _____ יפים ומיוחדים.

8. _____ בוקר אנחנו הולכים לאוניברסיטה.

9. - כמה זה _____ ?

   - עשרה שקלים.

10.- קפה בבקשה.

   - _____ משהו?

   - לא, תודה.

_____

גברים, ישראלית, אחר, אכסניה, מקומות, כל, עוד, יושב, מטייל, עולה

1. מה יש בבית הזה?

כיסא, _____

_____

_____

_____

_____

<u>מוזיאון בנֶגֶב</u>

אתם כותבים את המילים:

בנֶגֶב ליד **באר שבע** יש עיר של בדווים - **<u>רַהַט</u>**. ליד רהט יש מוזיאון מיוחד על החיים של הבדווים. במוזיאון יש ____________________ גדול.

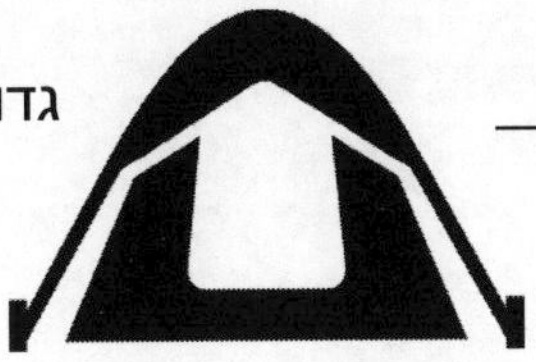

באוהל אין רהיטים. אין ________________

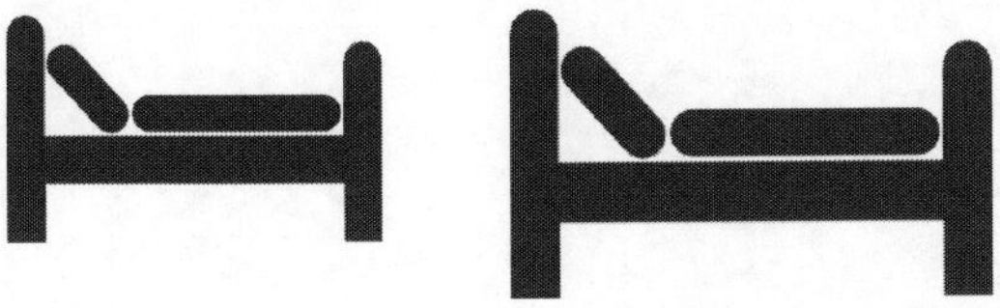

ואין ______________

יש שם רק ___________

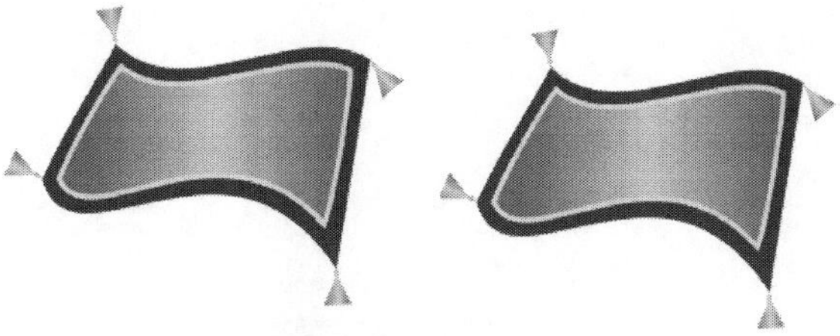

באוהל יש שני חדרים:

הגברים יושבים בחדר אחד, וה ____________ יושבות עם הילדים בחדר אחר.

אנשים מכל העולם באים למוזיאון ולומדים שם על הבדווים.

מכתב מתל אביב:

א. קלוז – אתם כותבים את המילים החסרות:

שלום אימא, שלום אבא,

אני ב**תל אביב** עכשיו. אני לא __________ במעונות, אני גר בדירה עם חברים.

הדירה קצת קטנה אבל __________.

בדירה יש מטבח, ויש 3 __________ קטנים. בכל חדר יש מיטה, ארון, כיסא ושולחן.

המטבח חדש ומודרני, אבל המקלחת __________.

ב-8 בבוקר אני __________ לאולפן ולומד שם 4 שעות (קורא, כותב ומדבר עברית). בשבת אנחנו הולכים לים ואוכלים ב__________ ליד הים. עכשיו אני הולך עם __________ לסרט החדש בסינמה סיטי.

תל אביב יפה, אבל אתם לא פה. מה חדש בבית? מתי אתם באים?

להתראות, יונתן

אָרוֹן – wardrobe, cabinet

מְעוֹנוֹת - dorms

ב. אתם כותבים מכתב לחבר או למשפחה...

שלום __________,

אני **בירושלים** עכשיו ______________________________

____

____

____

____

____

____

להתראות, __________

<u>שיעור 4</u>

<u>מילת היחס את</u>

1. אתם כותבים "את" אם צריך: לפעמים יש **את** לפעמים אין **את**.

דוגמה: אנחנו מכירים **<u>את</u> תל אביב**.

1. אני אוהבת _____ **אילת** ו_____ המלון החדש ב**אילת**.

2. אתה נוסע _____ **לירושלים** עם חברים?

3. איפה אתם קונים _____ הספר הזה?

4. הם אוהבים _____ המורה ליוגה, והם עושים _____ יוגה כל יום.

5. היא קונה _____ יין טוב. היא קונה _____ היין בסופרמרקט.

6. אני מכיר _____ הרבה סטודנטים, אבל אני לא מכיר _____ הסטודנטים החדשים.

7. הוא שותה _____ קפה קטן. הוא שותה _____ הקפה פה.

2. איפה יש <u>ה</u> ואיפה יש <u>את</u>?

דוגמה: הוא אוכל גלידה קטנה – הוא אוכל **את ה**גלידה **ה**קטנה.

1. הוא קונה ספר חדש ליד **תל אביב**. ______________________

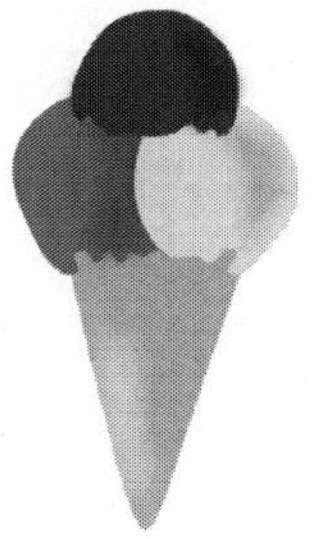

2. היא אוהבת מוזיקה של **בטהובן**. ______________________

3. אנחנו לא רוצים קפה עכשיו. ______________________

4. אתם אוהבים סרט חדש בסינמטק? ______________________

5. אתם רוצים עוגה גדולה? ______________________

6. אתה מכיר חברים חדשים? ______________________

7. היא רואה ילדים בפארק. ______________________

8. את שותה מיץ בבית. ______________________

3. עשו סדר במשפט, וכתבו "את" אם צריך:

1. בחנות/ קונה/ החדש/ הוא/ הספר/ באנגלית/

_____

2. אתם/ ברמת אביב/ המוזיאון/ מכירים/

_____

3. אוהבות/ הזאת/ הפיצה/ אתן/

_____

4. אוכלת/ היא/ לא/ הקטן/ הסלט/

_____

5. רואים/ באוניברסיטה/ החברים/ הם/

_____

דיאלוג: בקפה "מוקה"

דויד: אתה בא לסרט היום?

רון: לא. אני פוגש את דני בחמש.

דויד: איזה דני? דני לוי?

רון: כן, ואנחנו הולכים לקפה "מוקה".

דויד: למה לקפה "מוקה"?

רון: כי אני אוהב את העוגות ואת הקפה שם.

אתם כותבים נכון/ לא נכון

1. דני פוגש את רון בשעה חמש.	נכון/ לא נכון
2. רון לא אוהב את העוגות בקפה מוקה.	נכון/ לא נכון
3. רון אוהב את העוגות בקפה מוקה.	נכון/ לא נכון
4. דויד מכיר את דני.	נכון/ לא נכון

4. **אתם שמים "את" במקום הנכון:**

אוהב, רוצה, קונה, רואה, אוכל, שותה, מכיר...+ את

1. אתה אוכל _____ פיצה קטנה. אתה אוכל _____ הפיצה בקפיטריה.

2. אתם רוצים _____ הדירה _____ הזאת?

3. הוא רואה _____ הרבה סרטים. הוא רואה _____ הסרטים במחשב.

4. אתה רוצה _____ ספר חדש? אתה רוצה _____ הספר הזה?

5. אני אוהב _____ **תל אביב** ו _____ הים של תל אביב.

6. הם אוהבים _____ החיים הטובים.

7. אני לא יודעת _____ סינית או יפנית.

8. הוא מכיר _____ המשפחה של **יעל**, אבל הוא לא מכיר _____ **יעל.**

9. _____ הקפה הזה _____ של **יונתן.**

10. הם גרים _____ ליד הפארק.

11. אנחנו פוגשים _____ חברים טובים במסעדה.

12. היא נוסעת _____ **לירושלים.**

13. אנחנו אוהבים _____ **אילן** וגם _____ **דנה.**

14. אתה קונה _____ הרבה בננות. אתה קונה _____ הבננות בחנות.

15. איפה אתה יושב _____ עכשיו?

16. אתה מכיר _____ **רחוב דיזנגוף?**

17. אני אוהבת מאוד _____ החברים של **דויד.**

<u>מילות יחס: לְ/ לָ, בְּ/ בַּ, מְ/ מֵהַ</u>

1. אתם כותבים כמו בדוגמה:

דוגמה: עכשיו שמונה **ב**בוקר.

1. היא עושה יוגה ____יום ראשון.
2. השעה שבע ____ערב.
3. אנחנו הולכים ____ים.
4. הוא בא ____**אמריקה**.
5. הן באות ____הבית.
6. היא נוסעת ____**ירושלים**.
7. התלמיד אוכל ____קפיטריה.
8. אתם קונים ____סופרמרקט.
9. אנחנו גרים ____רחוב קטן.
10. אני לא ____בית ____יום שבת.
11. הן נוסעות ____חברים.
12. אני עובד רק ____בוקר.

2. אתם כותבים לְ/ לָ, בְּ/ בַּ, מְ/ מֵהַ כמו בדוגמה:

דוגמה: הוא גר בְּבית קטן. <u>הוא גר בַּבית הקטן</u>

הוא נוסע למקום עתיק. ______________________

הם באים מחדר קטן. ______________________

את לומדת בכיתה חדשה. ______________________

היא יושבת בגינה נחמדה. ______________________

הוא אוכל במסעדה טובה. ______________________

אנחנו נוסעים לעיר גדולה. ______________________

הן באות מספרייה טובה. ______________________

את הולכת לעבודה חדשה. ______________________

מילים

אתם כותבים את המילה הנכונה:

1. היום יום ראשון _____ יום שני.

2. אולי אתה יודע איפה רחוב **איינשטיין**? אני _____ את הקניון.

3. מתי אתה _____ טלוויזיה?

4. הטלפון של **דניאל** ב _____ או על השולחן?

5. הפלאפל פה _____, רק 10 שקלים.

6. אנחנו _____ חברים טובים בקפה קטן.

7. אני לא _____ את ירושלים.

8. הוא עובד רק 5 ימים ב _____.

9. יש _____ טוב ב**סינמה סיטי**?

10. אני קונה כיסא, מיטה ושולחן בחנות _____.

_____

מכירה, פוגשים, מחפש, רואה, זול, תיק, מחר, היום, שבוע, סרט, רהיטים

אתם כותבים מה נכון: את/ ל/ ב/ על

יוסי: הי, אתה מכיר _____ שירי?

דויד: איזו שירי? שירי גיל?

יוסי: כן. אתה יודע איפה היא גרה?

דויד: כן. היא גרה _____ מעונות ליד האוניברסיטה.

יוסי: תודה. אני חושב _____ שירי בבוקר ובערב.

דויד: אה. אני נוסע _____ אוניברסיטה עכשיו.

יוסי: אתה נוסע _____ אוטובוס 25?

דויד: כן.

יוסי: טוב. אז גם אני בא. כי אולי שירי יושבת _____ ספרייה.

ענו על השאלות:

1.דויד מכיר את שירה?   **נכון/ לא נכון**

2.למה יוסי נוסע לאוניברסיטה? כי אולי שירי עכשיו במעונות/ כי אולי שירי עכשיו בספרייה.

יום ראשון, יום שני, יום שלישי, יום רביעי, יום חמישי, יום שישי , שבת

אתם כותבים את היום הנכון בישראל ובאמריקה:

בישראל ילדים לומדים ביום ראשון, שני, שלישי, רביעי, חמישי וגם ביום__________, ולא לומדים ביום _______________.

באמריקה תלמידים לא לומדים ביום ____________ ולא לומדים ביום ___________.

בישראל עובדים מיום _____________ עַד יום _____________ ובשבת לא עובדים.

אבל הרבה אנשים בישראל לא עובדים גם ביום __________, כי ביום שישי הם הולכים לקניון או עושים ספורט או פוגשים חברים בקפה.

עַד- until

<u>**קלוז: מוזיאון התָנָ"ך**</u>

המורה: תלמידים, אנחנו עכשיו במוזיאון התָנָ"ך ירושלים. זה ____________ מיוחד מאוד. פה אנחנו לומדים על מקומות ועל אנשים בזמן העתיק. אתם ____________ מה זה תנ"ך? נכון, תנ"ך: אלה הספרים של התורה. במוזיאון יש הרבה ____________ עתיקים של תורה וגם ספרים על התורה. נכון, המוזיאון לא חדש, הוא ____________ אבל הוא מצוין. זה גם מוזיאון לארכיאולוגיה של ישראל העתיקה ושל ה____________

העתיק: עירק, סוריה, טורקיה ומצרים.

הרבה תלמידים באים למוזיאון הזה. הם ____________ בירושלים, רואים את העיר העתיקה ואת הכותל וגם באים למוזיאון. במוזיאון הם ____________ סרטים וגם לומדים על ארכיאולוגיה עתיקה.

תלמידים, אתם יודעים מי זה? אתם ____________ את האיש הזה? כן, זה הקֵיסָר של רומא.

תלמיד: איזה יופי, ואיפה החנות של המוזיאון? אני ____________ ספר על ארכיאולוגיה או מתנה קטנה ונחמדה לחברים באוסטרליה.

מוזיאון ארצות המקרא (צילום: לליב גל. מתוך אתר פיקיוויקי)

שיעור 5

אתם כותבים את המילה הנכונה:

1. באולפן לומדים _____ ו_____ בעברית.

2. **אברהם ושרה** מהתורה. הם _____ ואישה.

3. מה אתה _____ באינטרנט: דירה או עבודה?

4. כל בוקר אנחנו עושים ספורט ו_____ חצי שעה.

5. בבוקר כולם הולכים לעבודה, אין _____ לאכול בבוקר.

6. אתה רוצה לקרוא _____ טוב? ספר או עיתון?

7. שלום, _____ בבית? איפה אימא?

8. ביום שישי אני רוצה _____ חברים טובים.

9. **רון** קונה ג'ינס חדש בקניון. הוא אוהב ללבוש _____ חדשים.

10. סליחה, אני לא מבין את זה. אני רוצה _____ שאלה.

11. היי **מאיה**, מה _____? את בסדר?

12. למה כולם יושבים _____ ולא מדברים?

13. מה אתה _____ על החיים בישראל?

14. ב_____ ה-20 יש מחשבים, אבל אין **סְמַרְטפוֹן**.

15. בחדשות בעברית מדברים _____, ואני לא מבין מה הם אומרים.

מאה, משהו, מישהו, בשקט, מהר, בעל, בגדים, שלומך, זמן, רצים, מחפש, חושב, לקרוא, לכתוב, לפגוש, לשאול

שם פועל

אתם מדברים כמו בדוגמה: היא **עובדת** פה. ----- היא **רוצה לעבוד** פה.	
אני אוכל פיתה בבוקר.	אני רוצה **לאכול** פיתה בבוקר.
הוא רוצה **לפגוש** חברים בים.	הוא פוגש חברים בים.
היא קוראת הרבה ספרים.	היא רוצה **לקרוא** הרבה ספרים.
אנחנו רוצים **ללמוד** עברית בכיתה.	אנחנו לומדים עברית בכיתה.
הילדים נוסעים לירושלים.	הילדים רוצים **לנסוע** לירושלים.
הם רוצים **לשמוע** חדשות בערב.	הם שומעים חדשות בערב.
מה אתה קורא?	מה אתה רוצה **לקרוא**?
איפה את רוצה **לעבוד**?	איפה את עובדת?
הם לא חושבים על העבודה.	הם לא רוצים **לחשוב** על העבודה.
הן רוצות **לחשוב** על המשפחה.	הן חושבות על המשפחה.
הילדים לא לומדים בערב.	הילדים לא רוצים **ללמוד** בערב.
את רוצה **לאכול** סלט קטן.	את אוכלת סלט קטן.
אנחנו לובשים רק גִ'ינְס.	אנחנו רוצים **ללבוש** רק גִ'ינְס.
הוא רוצה **לאהוב** את החיים הטובים.	הוא אוהב את החיים הטובים.
אנחנו פוגשות חבר בקניון.	אנחנו רוצות **לפגוש** חבר בקניון.
אתן רוצות **ללבוש** בגדים יפים.	אתן לובשות בגדים יפים.
הוא שואל הרבה שאלות.	הוא רוצה **לשאול** הרבה שאלות.
היא רוצה **לנסוע** לאמריקה.	היא נוסעת לאמריקה.
אתם אוכלים גלידה טובה.	אתם רוצים **לאכול** גלידה טובה.
אנחנו לא רוצים **לעבוד** כל הזמן.	אנחנו לא עובדים כל הזמן.
אני קוראת עיתון בבוקר.	אני רוצה **לקרוא** עיתון בבוקר.
הוא רוצה **לומר** מה השעה.	הוא אומר מה השעה.
אני נוסע באוטובוס.	אני רוצה ל**נסוע** באוטובוס.
את רוצה **לכתוב** שיר יפה.	את כותבת שיר יפה.

אתם כותבים את שם הפועל:

דוגמה: אנחנו כותבים מכתב למשפחה, ואנחנו רוצים **לכתוב** גם לחברים.

1. אני אוהב ______________ חברים מהאולפן, אבל אני לא פוגש את החברים בשבת.
2. הוא אוכל סלט קטן, אבל הוא רוצה ______________ סלט גדול.
3. היא קוראת באנגלית, אבל היא רוצה ______________ ספר בעברית.
4. הם נוסעים **לאילת**. הם רוצים ______________ לפסטיבל שם.
5. אנחנו שומעים רדיו. אנחנו רוצים ______________ חדשות.
6. היא לא עובדת עכשיו. היא לא רוצה ______________, היא רוצה ללמוד.
7. אנחנו לובשות משהו חדש. אנחנו אוהבות ______________ בגדים חדשים.

אתם כותבים את המספרים:

עוגה ________ (1), (2) ________ בירות, (5) ________ נשים (9) ________ לחמניות.

ספר ________ (1), (2) ________ שקלים, (3) ________ רחובות (5) ________ חברים

מה התשובה לשאלה:

דוגמה: 1. את מי אתה מכיר פה?	ה	א. עם **טלי**
2. מאין את באה?	______	ב. שם, ישר ושמאלה
3. לאן את הולכת?	______	ג. חמישה שקלים
4. איזה קפה אתם שותים?	______	ד. קפה אספרסו
5. כמה זה עולה?	______	ה. אני מכיר את **אורי** וגם את **נועה**
6. עם מי את מדברת בטלפון?	______	ו. מהבית
7. איפה אוטובוס מספר חמש?	______	ז. בחנות רהיטים או בשוק
8. מה אתה אוכל?	______	ח. משהו טוב
9. איפה קונים שולחן טוב?	______	ט. לבית של חברים
10. איפה קונים ג'ינס מיוחד?	______	י. אולי בחנות בגדים בקניון

<u>חזרה על פעלים ושמות פועל:</u>

א. מה נכון?

1. אתה **פוגש/ לפגוש** חברים במסעדה?
2. אנחנו לא רוצים **עובד/ לעבוד** בבנק.
3. בבוקר היא **אוכלת/ לאכול** רק יוגוּרט.
4. מה את **אוהבת/ לאהוב** ללבוש בבוקר?
5. איך **נוסעים/ נוסע** לים?
6. אנחנו רוצים **אומרים/ לומר** משהו לחברים.
7. תלמידים, בבקשה **קוראים/ לקרוא** בשקט.
8. איזה סרט אתם **אוהבים/ לאהוב?**
9. אני אוהבת **שומעת/ לשמוע** מוזיקה.
10. אין זמן **אוכלים/ לאכול** בשקט, אני רץ לכיתה.

ב. מה נכון?

1. אני לא **מכירה/ יודעת** את תל אביב.
2. אנחנו **מטיילים/ הולכים** לעבודה.
3. כמה זה **קונה/ עולה?**
4. אתם **קוראים/ כותבים** את כל הספרים של **הָארִי פּוֹטֶר?**
5. הם **נוסעים/ הולכים** לדירה באוטובוס.
6. את **אומרת/ מדברת** עברית טוב.
7. הם לא **יודעים/ מכירים** ספרדית.
8. הילד **אומר/ מדבר** שלום בעברית ולא באנגלית.
9. אתה **מכיר/ יודע** מה השעה?
10. אתה **שואל/ מדבר**: מה השעה?
11. את **מדברת/ אומרת** בטלפון עכשיו?

<u>**מילים**</u>

אתם כותבים מה נכון:

1. אני לא רוצה את הפיצה הזאת, אני רוצה משהו **ישן/ אחֵר/ מים.**
2. הוא אוהב ספורט. כל יום הוא **בא/ רץ/ יושב** שלושה קילומטרים.
3. אנחנו מדברים עברית **מצוין/ מצוינים/ יפים**.

4. כיסא, שולחן ומיטה הם **חדרים/ רהיטים/ מחשבים.**
5. איש אחד - הרבה **איש/ אנשים/ נשים**.
6. אישה אחת - הרבה **אישה/ אנשים/ נשים**.
7. זאת הדירה החדשה **את/ ב/ של** מיכאל.
8. למה אתה נוסע מהר? יש פה ילדים. בבקשה לנסוע **מהר/ לאט/ קשה**.
9. **ביָפוֹ** יש גם עיר חדשה וגם עיר **עתיק/ עתיקה/ ישן**.
10. אתם מכירים? זה יונתן **הבעל/ הבחורה/ האנשים** של לילי.
11. הישראלים אוהבים **לחשוב/ לפגוש/ ללבוש** חברים בבית קפה.
12. ב**איטליה** יש הרבה **עיר/ ערים/ בתים** עתיקות ויפות.
13. הוא רוצה לאכול **מישהו/ משהו/ כל** טוב.
14. אני לא יודע מי זה. אולי הוא **משהו/ מישהו/ מקום** מהאוניברסיטה?
15. אתה **מכיר/ יודע/ חושב** את הסטודנטים בכיתה?
16. היא **אומרת/ חושבת/ לובשת** על החיים ועל אהבה.
17. למה אתם קונים **על/ את/ ב** הספר הזה?
18. עכשיו אתה שומע טוב? כן, אני שומע כל **שנה/ מילה/ עכשיו**.
19. אנחנו יושבים **את/ ב/ ל** מסעדה קטנה.
20. הם אוהבים את החיים **טוב/ טובים/ הטובים**.

ארוחה טובה

בכל העולם המודרני אנשים וגם ילדים קטנים לא יודעים לאכול נכון. הם אוכלים **מהר** ולא חושבים על מה הם אוכלים. אולי כי הם יושבים כל היום ליד המחשב או הטלוויזיה, אוכלים ואוכלים ולא חושבים על אוכל טוב.

אבל עכשיו בצרפת האנשים אומרים: "לא טוב לאכול **מהר**. הילדים אוכלים **מהר** המבורגרים ופיצות, וזה לא טוב. הם צריכים ללמוד לאכול **לאט, לאט** אוכל טוב".

גם באיטליה אנשים חושבים: האוכל המודרני לא טוב לילדים.

אנשים בכל העולם שואלים גם למה הילדים לא יושבים ומדברים **בשקט** ליד השולחן עם כל המשפחה. הם אומרים: ילדים צריכים ללמוד לאכול **לאט**, וגם לאכול **בשקט** ליד השולחן עם כל המשפחה ולא ליד הטלוויזיה. ארוחת ערב גדולה לא אוכלים חצי שעה, אוכל טוב אוכלים **הרבה** זמן – אולי שעה.

ארוחה - meal	
צריך - need	

שאלות:

1. אנשים אוכלים וחושבים על אוכל טוב ליד המחשב.   **נכון/ לא נכון**

2. בצרפת חושבים: טוב לאכול המבורגרים ופיצות.   **נכון/ לא נכון**

3. מה ילדים צריכים ללמוד? _____

4. ארוחה ליד הטלוויזיה טובה לילדים.   **נכון/ לא נכון**

5. הילדים צריכים לאכול עם כל המשפחה.   **נכון/ לא נכון**

אתם כותבים: הרבה/ לאט/ מהר/ בשקט/ מצוין/ יפה/

1. אוי! עכשיו 8, השיעור בשמונה וחצי, והאוטובוס נוסע _____ מאוד.

2. - אתה רץ _____ מאוד. אתה אוהב ספורט נכון?

3. בערב היא אוהבת לשבת בחדר _____ ולקרוא ספר.

4. - למה אתה אוכל _____? למה אתה לא אוכל לאט?

5. היא בכיתה א'. היא קוראת _____, אבל היא לא כותבת _____.

6. - אתה יושב בספרייה _____ זמן? - לא. רק חצי שעה.

7. הם עובדים מהבוקר ועד הערב. הם עובדים _____ שעות.

8. היא מדברת עברית _____, כי היא לומדת כל הזמן.

שיעור 6

אתם כותבים את המילה הנכונה:

1. הם __________ טֶניס כל שבוע.
2. זה לא ספר קשה, זה ספר ________ ויפה.
3. אני אוהב אוכל מעניין עם הרבה ____________.
4. בישראל לומדים ________ בקורסים מיוחדים של האוניברסיטה בעיר **רחובות**.
5. אני רוצה קפה _______ חלב עם קצת סוכר.
6. התלמידים _______ בבוקר בשעה שבע, והולכים לבית ספר.
7. הוא אוהב ציורים של הרים, ועצים, כי הוא אוהב _________.
8. ה________ הולכים ________ עם הילדים לפארק.
9. אני אוכל _______ קטנה בבוקר. אולי לחם או לחמנייה וקפה.
10. אתה הולך לעבודה בבוקר, ו_______ רק בערב. נכון?
11. הילדים נוסעים ל________ מעניין לאילת.
12. הרבה אנשים אוהבים ________ **סַלְסָה.**

קל, טבע, חקלאות, יחד, תבלינים, בלי, הורים, ארוחה, טיול, משחקים (לשחק), קמים (לקום), רוקד (לרקוד). חוזר (לחזור)

בחנות הטבע

אתם כותבים מה נכון:

- שלום, זאת חנות **מיוחד/ מיוחדת** לאוכל **אורגני/ אורגנית**?
- כן, זאת חנות טבע. אין פה אוכל מהסופרמרקט, הכול פה **אורגני/ אורגנית** כמו בטבע.
  יש פה **לחם/ לחמנייה** מיוחד, וגם בננות **טובים/ טובות** בלי כימיקלים.
- יופי. אני רוצה לחם וגם שוקולד טוב.
- סליחה, אני מצטערת, אין פה שוקולד ואין גם עוגות, אבל יש מיץ **טוב/ טובה** וגם תבלינים.
- תבלינים **מיוחד/ מיוחדים**?
- כן, תבלינים מצוינים לסלט. יש גם תה **מצוין/ מצוינת** עם נַעְנָע.
- מה זה נַעְנָע?
- נענע זה מֶנְטָה.
- טוב, אני רוצה לחם **קטן/ קטנה**, תה עם נענע וקצת תבלינים.
- בבקשה, להתראות.

א. <u>למה? למה?....</u>

אתם כותבים כמו בדוגמה: הוא קם --- הוא רוצה לקום

למה את **באה** כל יום לעבודה בתשע? למה את לא רוצה ___________ בשמונה?

למה את לא עושה ספורט ולא **רצה**? למה את לא רוצה ___________ בבוקר?

למה את **שרה** רק במקלחת? למה את לא רוצה ___________ בקונצרט?

למה את **גרה** בחדר קטן? למה את לא רוצה ___________ בדירה יפה?

ב. <u>אוי אימא...</u>

אוי אימא, למה את **שואלת**. את יודעת _________ הרבה שאלות...

לפעמים אני **באה** לעבודה בשמונה ולפעמים בתשע, וזה בסדר.

אני לא רוצה _______ לעבודה בשמונה, כי כולם **באים** בתשע.

לפעמים אני **קמה** בבוקר בשמונה וחצי, כי אני לא רוצה _______ בשמונה, וגם זה בסדר.

אני עושה ספורט בים, אבל אני לא **רצה**, כי אני לא אוהבת _________.

אני **שרה** רק בבית עם חברים, אני לא אוהבת ולא רוצה ________ בקונצרט או באוֹפֶּרָה.

אני **גרה** בחדר קטן, אבל הוא ליד העבודה, ואני אוהבת _______ בחדר הזה.

רגע, אימא בשבת אני לא **באה**, אני רוצה ________, אבל אני נוסעת עם חברים לטיול יפה בים המלח. אז להתראות.

<u>**מכתב מיונתן**</u>

שלום **גלית**,

אני גר בקיבוץ **קטן** ליד חיפה. הקיבוץ הזה **יפה** ו**מיוחד**. אני לומד חצי יום וגם עובד.

העבודה לא **קשה**, אני עובד בחקלאות. אה... במנגו ובאבוקדו, וזה **נחמד** מאוד. אני גם לומד עברית עם חברים מכל העולם. השיעורים לא **קשים**, המורה **טובה** ומדברת בעברית **קלה** ואני מבין. לפעמים המורה מדברת מהר, ואז אני לא מבין הכול...

מה שלומך? איך החיים? איך העבודה **החדשה**?

להתראות, **יונתן**

שלום **יונתן**, אני עכשיו בירושלים.______________________________________

____

____

להתראות, **גלית**

הַסִיפּוּר עַל שִׁלְגִיָּה

אתם כותבים את המילה הנכונה:

שִׁלְגִיָּה היא לא ילדה, היא בחורה _____ (יפה) מאוד, וגם _____ (טוב).

היא גרה בארמון _____ (עתיק) עם אימא _____ (רע).

כל האנשים ה_____ (טוב) בעיר אוהבים את שלגיה, אבל האימא ה_____

(רע) לא אוהבת את שלגיה, כי היא _____ (יפה) ו_____ (מיוחד).

אז שלגיה ה_____ (נחמד) רוצה לגור במקום _____ (אחר). היא הולכת

מהארמון ה_____ (נעים), וגרה במקום _____ (חדש) עם הרבה עצים. היא

גרה במקום יפה בטבע בבית _____ (ישן), עם _____ (7) אנשים

_____ (קטן). הבית קצת _____ (קטן) אבל _____ (מיוחד). בבית

יש (7) _____ מיטות קטנות, שולחן (1) _____ גדול ו (7) _____

כיסאות _____ (קטן) ו _____ (קשה).

האנשים ה_____ (קטן) הולכים כל יום לעבודה בהרים ושרים שירים _____

(נחמד), ובערב הם חוזרים לבית ה _____ (קטן).

אבל אימא של שלגיה יודעת איפה שלגיה, היא באה לבית ה_____ (חדש) של שלגיה,

ואומרת לשלגיה: אולי את רוצה תפוח _____ (יפה), יש פה הרבה תפוחים

_____ (מצוין).

שלגיה אוהבת מאוד פירות _____ (טוב), והיא אוהבת מאוד גם תפוחים.

היא אוכלת קצת מהתפוח ו.... אין שלגיה...

אבל זה רק סיפור _____ (מעניין) לילדים, כי שלגיה ה_____ (נחמד) קמה

מהמיטה והכול בסדר.

פְּרִי טוֹב – פירות _____?

פֵּירוֹת – בננה, תפוחים, מנגו ו...

סיפור – story

<u>שיעור 7</u>

אתם כותבים כמו בדוגמה:

דוגמה: מה אתם **עושים** עכשיו, ומה אתם **רוצים לעשות** בשבת?

1. למה את **שותה** תה? את אוהבת __________ קפה, נכון?
2. הוא **קונה** ספרים בחנות, כי הוא אוהב __________ ספרים חדשים.
3. אנחנו **עושים** סלט גדול. אנחנו אוהבים __________ סלטים טובים.
4. - אתה **רואה** סרט בסינמטק? - לא. אני אוהב __________ סרטים בבית.
5. היא לא סטודנטית עכשיו, אבל היא רוצה __________ סטודנטית.
6. אני לא מיליונר, אבל אני רוצה __________ מיליונר.
7. הן **קונות** כרטיסים לקונצרט, הן רוצות __________ כרטיס גם לחבר.
8. מה אתה **עושה** עכשיו? אולי אתה רוצה __________ משהו נחמד?
9. הם **קונים** ג'ִינְס יפה בקניון. הם רוצים __________ גם זָ'קֶט חדש.
10. - למה אתם **עולים** על ההר? - כי אנחנו אוהבים __________ על ההר הזה.

<u>משהו נחמד</u>

אתם כותבים את הפעלים בצורה הנכונה:

- הלו, **יעלי**? מה את עושה עכשיו, את רוצה __________ משהו נחמד?
- מה את רוצה__________?
- אני הולכת לקניון, כי אני רוצה __________ קפה, __________סרט ואולי __________ בגדים.
- יופי, גם אני רוצה __________ ג'ִינְס חדש, __________קפה וגם __________ סרט.
- נו, אז את באה לקניון?
- כן, אני __________ לבוא. להתראות בשעה חמש.

רוצה (לרצות), עושה (לעשות), רואה (לראות), קונה (לקנות), שותה (לשתות)

<u>תרגול בזוגות – תרגיל חזרה</u>

אתם מדברים כמו בדוגמה: היא גרה פה – היא רוצה לגור פה	
היא שותה רק קפה בבוקר.	היא רוצה **לשתות** רק קפה בבוקר.
היא רוצה **לקום** בשבע.	היא קמה בשבע.
איפה אתן גרות?	איפה אתן רוצות **לגור**?
מה אתה רוצה **לאכול**?	מה אתה אוכל?
הם שומעים מוזיקה טובה.	הם רוצים **לשמוע** מוזיקה טובה.
לאן את רוצה **לנסוע**?	לאן את נוסעת?
מה אתם עושים עכשיו?	מה אתם רוצים **לעשות** עכשיו?
מתי אתה רוצה **לחזור** מהעבודה?	מתי אתה חוזר מהעבודה?
הם קונים הרבה בגדים.	הם רוצים **לקנות** הרבה בגדים.
הן רוצות **לעשות** ארוחה קטנה.	הן עושות ארוחה קטנה.
אתן שותות מיץ עכשיו?	אתן רוצות **לשתות** מיץ עכשיו?
אנחנו רוצים **ללבוש** רק ג'ינס.	אנחנו לובשים רק ג'ינס.
הוא רואה סרט טוב.	הוא רוצה **לראות** סרט טוב.
אנחנו רוצים **לפגוש** חברה מהכיתה.	אנחנו פוגשים חברה מהכיתה.
הוא רץ מהר.	הוא רוצה **לרוץ** מהר.
הוא רוצה **לשאול** הרבה שאלות.	הוא שואל הרבה שאלות.
מה אתן עושות בשבת?	מה אתן רוצות **לעשות** בשבת?
הם רוצים **לבנות** בית חדש.	הם בונים בית חדש.
אני חושב על זה.	אני רוצה **לחשוב** על זה.
אני רוצה **לקרוא** עיתון בבוקר.	אני קוראת עיתון בבוקר.
מתי את באה?	מתי את רוצה **לבוא**?
היא רוצה **לשיר** כל הזמן.	היא שרה כל הזמן.
מה אתה יודע?	מה אתה רוצה **לדעת**?

<u>כל הבוקר/ כל הערב/ כל הזמן/ כל המשפחה/ כל הכיתה/ כל השנה/ כל השבוע</u>

אתם כותבים כמו בדוגמה:

דוגמה: אנחנו נוסעים לאירופה וגם לאמריקה - אנחנו מטיילים ב*כל העולם*.

1. הוא מדבר בטלפון <u>מהבוקר ועד הערב</u>. הוא מדבר בטלפון ______________ .
2. <u>אבא ואימא והילדים</u> נוסעים לים. ______________ נוסעת לים.
3. בישראל יש שמש <u>מִינוּאָר ועד דֶצֶמְבֶּר</u>. יש פה שמש ________________.
4. הוא לומד בספרייה <u>משמונה בבוקר עד שתים עשרה</u>. הוא לומד שם __________.
5. הוא לא בבית __________, כי הוא הולך לקונצרט בפארק ב-7 בערב.
6. הוא עובד <u>ביום ראשון, ביום שני, ביום שלישי... וגם ביום שישי</u>. הוא עובד ________.
7. כל ________ הולכת לטיול. <u>התלמידים</u> לא לומדים היום.

<u>אני רוצה לדעת</u>

אתם כותבים שאלות:

דוגמה: <u>אני רוצה לדעת</u>, למה אתה קונה בשוק?

איפה ____

מה ____

לאן ____

כמה ____

איך ____

מתי ____

מאיפה ____

איזה ____

מי ____

סָאלַח שַׁבָּתִי

השלימו את המילים מתוך הרשימה:

סָאלַח שַׁבָּתִי זה סרט מ__________ השישים על עולה חדש (אנחנו לא יודעים מאין בא סאלח שבתי, אולי ממרוקו או מתוניס או מאלג'יר).
הוא בא לארץ עם __________ גדולה: אישה ושבעה ילדים. המשפחה לא גרה בדירה טובה, הם גרים ב__________, והם רוצים לגור בדירה חדשה ומודרנית.
סאלח הוא עולה חדש. הוא לא מכיר את ה__________ וגם לא מבין את הבִּירוֹקְרַטְיָה בישראל, אבל הוא יודע מה הוא רוצה.
בסרט לסאלח אין עבודה, כי הוא לא רוצה __________ בחקלאות. הוא עייף כל הזמן ולא הולך לעבודה, אבל הילדים הגדולים של סאלח עובדים. הם עובדים בקיבוץ. האנשים בקיבוץ נחמדים, אבל אולי הם לא מבינים באמת את ה__________ המיוחדות והקשות של העולים החדשים.
יש בסרט קוֹנְפְלִיקְטִים: עולים ואנשים מהקיבוץ, הורים וילדים וגם אהבה רוֹמַנְטִית. בסרט רואים גם את הבעיות של העולים החדשים וגם את הבירוקרטיה בישראל.
זה __________ עם הרבה הוּמוֹר וגם עם שירים יפים.

בעיות, משפחה, סרט, אוהל, שנות, ארץ, לעבוד

עייף- tired

הוּמוֹר- humor

שיעור 8

אתם כותבים גלויה אופְּטימִית:

מקום, כיתה, שיעורים, סטודנטים, קוּרְס, ספרים, תרגילים

טוב, יפה, נחמד, מיוחד, מצוין, מעניין, קל

_____

_____

_____

_____

להתראות,
_____

אתם כותבים את המילה הנכונה:

1. הוא לא בא לשיעור, כי הוא קצת _____ היום.

2. אנחנו נוסעים באוטובוס ב_____ היפה מתל אביב לירושלים.

3. אני קורא עכשיו ספר מצוין, אני כבר _____ הספר, וזה ספר מעניין מאוד.

4. הוא לומד עכשיו, אבל _____ באמצע השנה הוא רוצה לנסוע לחו"ל.

5. - אתה ישראלי? אתה גר פה? - לא. אני _____ מחו"ל.

6. ה_____ בישראל לא קר, יש גשם ואין שלג.

שֶׁלֶג- snow

7. - אתה _____ קם בשבע בבוקר?

- _____, לפעמים, אני קם בשעה שמונה או תשע.

8. היא מדברת שתי _____ בבית: אנגלית ועברית.

9. אתה רוצה מים _____ או קרים?

10. הילד יושב ליד ה_____ באוטובוס.

_____

פתאום, חורף, חולה, דרך, באמצע, חמים, תייר, תמיד, שפות, מה פתאום, חלון

<u>חזרה עד שיעור 8</u>

מה נכון?

1. באוטובוס: אני רוצה _________ ברחוב **קינג ג'ורג'.** — **הולך/ יורד/ לרדת**

2. הוא עובד כל יום, ____8:30 בבוקר ____ הצהריים. — **מ...ל/ מ...עד/ ב...ל**

3. אני שותה רק קפה כל הזמן. אני _________ שותה קפה בבוקר. — **תמיד/ לפעמים/ כמו**

4. השיעורים _________, אבל הספר _________. — **מעניין/ מעניינים/ המעניינים משעמם/ המשעמם/ משעממים**

5. החברים בדירה _________ מאוד. — **נחמד/ נחמדים/ הנחמדים**

6. סליחה, _________ את הולכת? — **לאן/ איפה/ מה**

7. הם שרים _________. — **מצוין/ מצוינת/ מצוינים**

8. _________ אתם חושבים? — **את מה/ על מה/ על איזה**

9. - מה יש בחדר? - _________ פה שום דבר. — **יש/ אין/ לא**

10. אולי אתה רוצה _________ בבית קפה ליד הים? — **יושב/ לשבת/ ללכת**

11. אני מחפש מסעדה _________ וטובה. — **כשר/ כשרה/ המיוחדת**

12. יש פה ערים _________ ומקומות _________. — **עתיקים/ עתיקות/ העתיקות מעניינות/ מעניינים/ המעניינים**

13. למה אתם מדברים בטלפון _________? — **כל זמן/ כל הזמן/ כל אחד**

14. - תגידי, את יודעת איפה הרחוב הזה? — **מישהו / משהו/ תמיד**

- אני לא יודעת, אבל אולי _________ אחר יודע.

15. היום הוא רוצה לנסוע לעבודה בדרך _____ .   **אחר/ אחרת/ אחרים**

16. מתי אתה חוזר _____?   **הבית/ הביתה/ בבית**

17. _____ בכיתה יודע לקרוא עברית.   **כל החברים/ כל אחד/ כולם**

18. מתי אתם רוצים לראות _____ סרט החדש בקניון?   **את/ את ה/ Ø**

19. לאט, לאט, למה את נוסעת _____? יש בדרך ילדים קטנים.   **לאט/ מהר/ קל**

20. הדרך לאילת _____ ?   **מעניין/ מעניינת/ המעניינת**

21. המשפחה שלי באה _____ בחורף לישראל.   **כל שנה/ כל השנה/ כל החודש**

22. הוא מטייל בארץ מיום ראשון ועד יום שבת, הוא מטייל פה _____ .   **כל שבוע/ כל השבוע/ כל יום**

23. יש פה _____ סטודנטיות נחמדות.   **שתיים/ שני/ שתי**

24. המיץ עולה _____ שקלים.   **שניים/ חמש/ עשרה**

25. הוא בא עכשיו _____ העבודה, והולך עם חברים _____ סרט.   **מ...ל/ את...ל/ ב...ל**

26. - היום אין שיעורים באוניברסיטה.

- _____ ! יש שיעורים ולומדים כל היום.   **תמיד/ לפעמים/ מה פתאום**

27. - מה פתאום אתה יושב בספרייה?

- כי יש בחינה _____, ואני רוצה ללמוד.   **יום/ שבוע/ מחר**

<u>תרגול בזוגות</u>

אתם מדברים כמו בדוגמה: הוא הולך ------ הוא רוצה ללכת	
מה הוא יודע?	מה הוא רוצה **לדעת**?
אנחנו רוצים **ללכת** הביתה.	אנחנו הולכים הביתה.
הם יושבים בפארק.	הם רוצים **לשבת** בפארק.
הן רוצות **לדעת** עברית.	הן יודעות עברית.
אני יורדת פה.	אני רוצה **לרדת** פה.
איפה את רוצה **לשבת**?	איפה את יושבת?
לאן היא הולכת?	לאן היא רוצה **ללכת**?
איך אתם רוצים **לרדת** מההר?	איך אתם יורדים מההר?

שיעור 9

תרגול בזוגות בפיעל

אתם מדברים כמו בדוגמה: אתה מטייל במדבר?-------אתה רוצה לטייל במדבר?	
הוא משלם במלון בדולרים.	הוא רוצה **לשלם** במלון בדולרים.
את רוצה **לחפש** עבודה בתל אביב?	את מחפשת עבודה בתל אביב?
הילדות משחקות עכשיו בפארק.	הילדות רוצות **לשחק** עכשיו בפארק.
הם רוצים **לטייל** באֵירוֹפָּה.	הם מטיילים עכשיו באֵירוֹפָּה.
אני מדברת עכשיו בסְקַייפּ	אני רוצה **לדבר** עכשיו בסְקַייפּ.
אנחנו רוצים **לחפש** דירה ביָפוֹ.	אנחנו מחפשים דירה ביָפוֹ
אתם מקבלים עיתון ביום שישי?	אתם רוצים **לקבל** עיתון ביום שישי?

פיעל

אתם כותבים מה נכון:

דוגמה: התיירים אוהבים לטייל במקומות מעניינים.	**מטיילים/ לטייל/ לחפש**
1. סליחה, אני רוצה __________ את החשבון.	**משלם/ לשלם/ מקבלת**
2. אתם יודעים __________ טניס?	**משחק/ לשלם /לשחק**
3. הסטודנטים האלה __________ בכל הארץ.	**מטייל/ לטייל/ מטיילים**
4. ילדים לא __________ הרבה כסף באוטובוס.	**מקבל/ משלמים/ משחקים**
5. למה אתה לא עובד? אולי אתה רוצה __________ עבודה באינטרנט?	**מחפש/ לחפש/ לדבר**
6. הילדים לא בבית, הם __________ בפארק.	**לשחק/ משחקים/ מקבלים**
7. אֶת מי אתה __________ פה?	**מחפש/ מדבר/ לקבל**
8. אנחנו רוצים __________ עם חברים על המסיבה.	**לטייל/ לדבר/ לקבל**
9. למה את __________ במחשב, ולא לומדת?	**מטיילת/ מקבלת/ משחקת**
10. היא __________ הרבה מכתבים ואי מיילים מכול העולם.	**מקבלת/ משחקת/ משלמת**

מדבר/ לדבר/ מדברים	11. – על מה אתם _____ כול הזמן? – על הכול.
לקבל/ מקבלים/ משחקים	12. הילדים האלה _____ כל יום שוקולד. זה בסדר?
משחק/ משלם/ מחפש	13. אתה _____ דירה בתל אביב? אז בהצלחה.
לשלם/ לקבל/ לטייל	14. בערב, אנחנו הולכים _____ בפארק עם הכלב.

מסיבה

אתם כותבים את המילים בצורה הנכונה:

אנחנו עושים מסיבות כל שבוע, כי אנחנו אוהבים מסיבות. גם ב_____ השבוע הזה אנחנו

עושים _____ גדולה.

אנחנו הולכים ל_____ וקונים קצת פיתות, חומוס וגם _____ טובים: בננות או

תפוזים. אנחנו קונים גם צ'יפְּס, אבל זה לא _____, אז אנחנו לא אוכלים הרבה צ'יפְּס.

אנחנו לא קונים הרבה _____, כי גם החברים באים עם אוכל: עם הלחם או עם החלה

ה_____ והעוגות וזה כיף. אה כן, ויש במסיבה גם יין, בירה ומיץ.

אנחנו _____ את האוכל על השולחן, מדברים, שומעים מוזיקה, שרים

ולפעמים גם רוקדים.

_____

שם (לשים), פירות, מסיבה, אוכל, שוק, מתוקה, בריא, סוף

א. דיאלוג קטן

- איזה ילד _____ !

- תודה.

- _____ הוא?

- בן שלוש וחצי.

בן כמה, מתוק

ב. דיאלוג קטן

- מאין ה________ היפים האלה?
- מהגינה של אימא.
- וה________?
- הבננות והאבוקדו מהשוק.

פירות, פרחים

ג. דיאלוג קטן

- סליחה, אני רוצה________. אתם ________ צ'קים?

מקבל (לקבל), משלם (לשלם)

<u>**קלוז: גּוֹרִילָה בְּסָפָארִי**</u>

אתם חושבים וכותבים איזו מילה חסרה

בְּסָפָארִי ברמת גן יש עכשיו תינוק חדש. לאימא גורילה יש ___________ נחמד בשם **אַלָאדִין**.

אבל ________ של אלאדין לא אוהבת את התינוק, ולאלאדין יש בעיה. העובדים בגן לא יודעים מה לעשות עם אימא של אלאדין. הוֶוטֶרִינָר של הספארי___________: "לא כל גורילה יודעת איך להיות אימא. רק בטבע גורילה ___________ להיות אימא, כי היא לומדת להיות אימא מ___________ אחרת".

עכשיו העובדים בספארי ___________ לאלאדין אימא חדשה וטובה, אולי באפריקה ואולי בגן חיות אחר.

הביולוגים אומרים: "כל תינוק של גורילה הוא מיוחד, כי אנחנו לא יודעים כמה ___________ יש בטבע באפריקה, וצריך לשמור על כל הגורילות בעולם".

הגורילה גדולה מאוד, אבל היא ___________ אַגְרֶסִיבִית, היא אוכלת רק פירות וירקות, ואוהבת חיים שקטים. בטבע לאימא גורילה יש רק ___________ אחד, והוא חי עם אימא שלוש ___________ או ארבע שנים.

תִּינוֹק – baby

גן חיות – zoo

לשמור – to guard

שיעור 10

מסיבה במעונות:

אתם כותבים את הפעלים בצורה הנכונה:

- הי יעלי, אני רוצה **להזמין** את כל החברים למסיבה, את רוצה לבוא?

- כן, תודה. מתי המסיבה _____(**להתחיל**)?

- המסיבה **מתחילה** בערב. אולי בעשר או קצת אחרי עשר.

- את מי אתה _____ (**להזמין**)?

- אני **מזמין** את כולם.

- רון, איזה יופי, אתה לא _____ (**להפסיק**) לעשות מסיבות.

- נכון, אני אוהב חברים ומוזיקה טובה.

- אז להתראות.

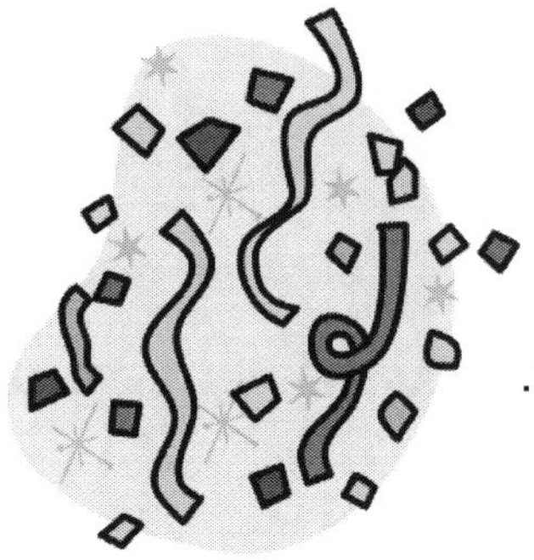

פרופסור מדבר עם סטודנטים

אתם כותבים את הפעלים בצורה הנכונה

שלום סטודנטים יקרים:

אתם היום סטודנטים חדשים, איך אתם _____ (**להרגיש**)?... יופי!

אני רוצה _____ (**להסביר**) משהו. זאת שנה חדשה ואתם _____ (**להתחיל**)

ללמוד עכשיו.

יש השנה הרבה שיעורים מהבוקר עד הערב. לא תמיד אתם _____ (**להצליח**) לקום

בבוקר, אבל כל השיעורים חשובים.

אנחנו אומרים: אולי זה קשה, אבל אנחנו לא _____ (**להפסיק**) ללמוד.

אימא ומירי

אתם כותבים את הפעלים בצורה הנכונה

מירי, למה את לא _____ (**להפסיק**) לשחק במחשב? למה את לא לומדת?

למה את תמיד _____ (**להזמין**) פיצה ולא אוכלת סלט בריא?

את עובדת מחר? מתי את _____ (**להתחיל**) לעבוד בשבע או בשמונה?

מירי, אני לא _____ (**להצליח**) להבין מה את עושה כל היום.

מירי, מה הבעיה? את _____ (**להרגיש**) טוב?

<u>תרגיל אוצר מילים שיעור 10</u>

חנויות באינטרנט

אתם כותבים את המילים מהרשימה למטה:

בזמן ה_________ הרבה אנשים לא קונים בחנויות, הם ________ הכול באינטרנט: ספרים וגם בגדים. זה קל מאוד __________ בגדים באינטרנט. אנשים יושבים ליד המחשב _________ לראות את הבגדים, וחושבים מה הם רוצים לקנות. ________ שבוע הם מקבלים את כול הבגדים החדשים הביתה.

הם קונים גם ספרים באינטרנט, כי הכול זול מאוד. הם קונים ספרים _________ לשיעורים באוניברסיטה וגם ספרים ___________ אחרים.

אולי זה הסוף של החנויות ושל הקניונים? ואין ____________ לחנויות ספרים קטנות.

אחרי, עתיד, מזמינים, מתחילים, להזמין, אחרון, חשובים, מעניינים

<u>חזרה על הפועל עד שיעור 10</u>

נועה ו.

אתם כותבים את הפעלים בצורה הנכונה:

דוגמה: אני חולה ו<u>מרגיש</u> לא טוב. אני רוצה *להרגיש* טוב.

1. מתי השיעור __________ (להתחיל)?
2. הבחור הזה לא ___________ (להפסיק) לדבר.
3. **חנה** ___________ (להסביר) לילדים איך משחקים **מוֹנוֹפּוֹל**.
4. אנחנו ___________ (להזמין) חברים לבית קפה, ושם אנחנו ____________ (להזמין) עוגה גדולה.
5. אני לא מבינה איך הוא ___________ (להצליח) לקום כל בוקר ב- 6:00. אני _________ (לקום) ב- 6:00 ואני עייפה, ולא ___________ (להצליח) לעשות שום דבר כל היום.
6. אני לא רוצה __________ (לקנות) בסופרמרקט, אני ___________ (לקנות) רק בשוק, כי שם יש פירות וירקות טובים!
7. הרבה ילדים __________ (לקרוא) את הספרים של **הָארִי פּוֹטֶר**, והרבה ילדים רק _________ (לראות) את הסרטים של **הארי פוטר**.
8. היא __________ (לרצות) __________ (לרקוד) בערב סַלְסָה.
9. הילדים הקטנים __________ (לבנות) בית נחמד מ**לֶגוֹ**.

איך רוקדים "סַלְסָה"?
אתם כותבים את הפועל הנכון בצורה הנכונה:

- סליחה, איך רוקדים "סַלְסָה"?

- זה לא מאוד קשה. אתה שומע ו_____ את המוזיקה: אחת, שתיים, שלוש...

  ואז אתה _____ לרקוד. אתה **מרגיש** את המוזיקה?

- סליחה, אני לא מבין שום דבר, כי אתה לא _____ טוב.

- טוב. אני **מסביר** לאט. אתה שומע את המוזיקה ואז אתה רוקד.

- זה קשה, אני לא _____ לרקוד יפה. איך _____ בימין או בשמאל?

- שמאל, ימין, שמאל, ואז ימין, שמאל, ימין. אתה **מתחיל** ולא _____. אתה רוקד

  עם המוזיקה.

- נכון, נכון, אני באמת _____ את המוזיקה ואני _____ לרקוד.

  תודה, איזה יופי, עכשיו אני רוצה _____ חברה לרקוד "סלסה".

מצליח, מתחיל, מפסיק, מזמין, מרגיש, מסביר

ימין – right	
שמאל – left	

שיעור 11

סמיכות:

א. אתם כותבים כמו בדוגמה:

דוגמה: סלט עם ירקות – **סלט ירקות**

1. ספר עם שירים - _____

2. אוניברסיטה בתל אביב - _____

3. סלט עם אבוקדו - _____

4. עוגה מגבינה - _____

5. כיסא לילדים - _____

6. חדר להורים - _____

7. חבילה עם שוקולד - _____

ב. אתם כותבים בנקבה: ♀

דוגמה: חתול בית – **חתולת בית**   חתול

1. חבר קיבוץ - _____

2. מוֹרֵה דרך- _____

3. ילד רחוב - _____   מורה דרך

4. תלמיד אוניברסיטה - _____   =מדריך

5. פקיד בנק - _____

ג. אתם כותבים ברבים:

דוגמה: עוגת שוקולד - **עוגות שוקולד**

ספר עברית _____   חנות פרחים _____

שולחן אוכל _____   גלידת וניל _____

בקבוק יין _____   בית קפה _____

תרגיל ספורט _____   חברת כנסת _____

טיול בוקר _____   סרט ילדים _____

ד. אתם כותבים ביחיד:

דוגמה: עוגות גבינה **<u>עוגת גבינה</u>**

בגדי ילדים - ______________ עוגות תפוחים - ______________

בתי חולים - ______________ כרטיסי אוטובוס - ______________

מספרי טלפון - ______________ ארוחות ערב - ______________

ה. אתם כותבים ברבים:

<u>שם עצם + שם תואר</u>		**<u>סמיכות</u>**	
יחיד	**רבים**	**יחיד**	**רבים**
בית חדש		בית כנסת	
ארוחה טובה		ארוח**ת** שבת	
חנות חדשה		חנות ספרים	
סלט מצוין		סלט ירקות	
שיחה קצרה		שיח**ת** טלפון	
דירה קטנה		דיר**ת** סטודנטים	
סיפור מעניין		סיפור ילדים	
יום חדש		יום קיץ	
מסיבה שמחה		מסיב**ת** תלמידים	
תרגיל קשה		תרגיל יוגה	
*שולחן ישן		*שולחן אוכל	
*מקום מיוחד		*מקום עבודה	
*חשבון גדול		*חשבון טלפון	

ו. <u>איפה יש סמיכות בטקסט?</u>

אתם מחפשים את הסמיכות, כמו בדוגמה: <u>בית ספר</u>

ב<u>אוניברסיטת תל אביב</u> יש הכול. יש בניינים גדולים ויפים. יש כיתות טובות, ויש גם בית קפה נחמד. באוניברסיטה יש בנק. ליד הבנק יש חנות ספרים לא גדולה. יש גם ספרייה עם הרבה ספרים. יש שם ספריית סרטים, ויש גם ספריית עיתונים טובה עם עיתוני ילדים ישנים. באוניברסיטה יש גם בית כנסת מודרני ויפה. אה, כן, ויש גם מעונות לסטודנטים. המעונות הם ליד האוניברסיטה. במעונות יש גם חדרים טובים לסטודנטים מחו"ל, וגם דירות סטודנטים.

בניין – building

<u>פיקניק בחוף הים</u>

השלימו את הצירופים מהרשימה למטה:

היום לא לומדים. אין _____ ואין _____

יש  _____ יפה, לא חם ולא קר, ואנחנו רוצים לעשות פיקניק עם

חברים בים. אנחנו רוצים לאכול שם _____ ישראלית

עם כל החברים. כל אחד בא עם משהו טוב: יש _____ עם הרבה

ירקות טובים. יש _____ עם בננות ותפוחים. אנחנו רוצים

לשתות _____, או מים קרים ואולי גם בירה טובה.

הפיקניק נחמד מאוד. אנחנו אוכלים, שותים ומשחקים עם הכלב. ליעל יש גיטרה.

היא שרה עם הגיטרה הרבה _____ בעברית, באנגלית וגם בצרפתית.

_____

שירי אהבה, מזג אוויר, מיץ תפוזים, סלט ירקות, סלט פירות, ארוחת בוקר, בית ספר,

שיעורי בית

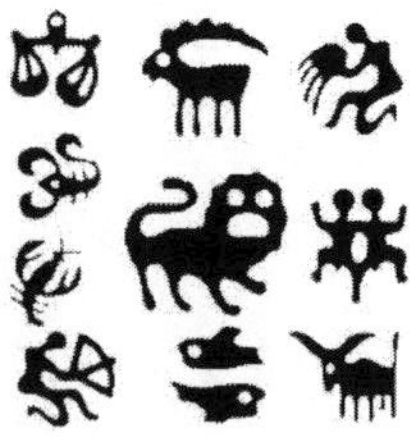

<u>חזרה על אוצר מילים: שיעורים 10-11</u>

אתם כותבים את המילה הנכונה:

1. ב__________ אוֹגוּסְט אין גשם בישראל. (**שבוע/ חודש/ מזג אוויר**)
2. האסטרולוגים רואים את ה __________? (**תשובה/ קיץ/ עתיד**)
3. בחורף הימים _________, ואין הרבה שמש. (**קצרים/ ישנים/ יקרים**)
4. הוא רוקד סַלְסָה מ-7:00 בערב עד 10:00. הוא רוקד _________ ערב. (**כל/ כל ה...**)
5. הם מזמינים את ________ חברים למסיבה גדולה. (**כל/ כל ה...**)
6. המשפחה שלי באה _________ שנה לארץ. (**כל/ כל ה...**)
7. הסטודנט הזה לומד מהבוקר עד הערב. הוא לומד _________ זמן. (**כל/ כל ה...**)
8. איזה _________יפה, אני הולך לים. (**מזג אוויר/ דואר אוויר/ גלויה קטנה**)
9. היא לא מרגישה טוב. היא הולכת ל_________. (**חולה/ בית חולים/ בית כנסת**)
10. אני רוצה לקנות _________ מים מינרלים, בבקשה. (**כרטיס/ בקבוק/ חשבון**)
11. זאת מסיבה יפה ו_________. (**נהדרת/ שמח/ פשוט**)
12. מה אתה עושה __________ השיעור? (**אחרי/ אחרון/ מתחיל**)
13. לפעמים הילד שמח, ולפעמים הוא __________. (**שמח/ עצוב/ מרגיש**)
14. בתרגיל יש שאלות, ואתם כותבים את ה __________. (**שאלות/ תשובות/ כרטיסים**)
15. אתם מכירים מישהו ____________ בטלוויזיה? (**חשוב/ קצר/ שולח**)
16. היא שולחת _________ עם ספרים לחו"ל. (**שיחה/ חבילה/ בול**)
17. ילדים אוהבים סיפורים _________ וקצרים. (**פשוטים/ שמח/ יקרים**)
18. הפקידה עובדת ב__________ גדול. (**משרד/ גלויה/ דואר אוויר**)

עצוב

גשם - rain

חזרה על שמות הפועל

אתם מדברים כמו בדוגמה:

אתם מדברים כמו בדוגמה: לאן הם נוסעים?------ לאן הם רוצים לנסוע?	
איפה אתה גר עכשיו?	איפה אתה רוצה **לגור** עכשיו?
מתי היא רוצה **לקום** לעבודה?	מתי היא קמה בבוקר?
למה את לא הולכת לעבודה?	למה את לא רוצה **ללכת** לעבודה?
אתם רוצים **לדעת** עברית?	אתם יודעים עברית?
איפה הן יושבות?	איפה הן רוצות **לשבת**?
אני רוצה **להתחיל** ללמוד בעשר.	אני מתחיל ללמוד בעשר.
אתה מרגיש טוב היום?	אתה רוצה **להרגיש** טוב היום?
אתם רוצים **לראות** הרבה סרטים?	אתם רואים הרבה סרטים?
מה היא קונה בחנות?	מה היא רוצה **לקנות** בחנות?
אתם רוצים **לשתות** קפה?	אתם שותים קפה?
מה אתה עושה בשבת?	מה אתה רוצה **לעשות** בשבת?
מה אתם רוצים **ללבוש** למסיבה?	מה אתם לובשים למסיבה?
אני קוראת הרבה ספרים.	אני רוצה **לקרוא** הרבה ספרים.
הם רוצים **לחפש** עבודה חדשה.	הם מחפשים עבודה חדשה.
אני מקבלת חבילה בדואר.	אני רוצה **לקבל** חבילה בדואר.

<u>שיעור 12</u>

תרגול בזוגות בהתפעל

אתם מדברים כמו בדוגמה: **הילד מתרחץ במים קרים.---- הילד רוצה להתרחץ במים קרים.**	
למה אתם לא מתלבשים עכשיו?	למה אתם לא רוצים **להתלבש** עכשיו.
הבחור הצעיר רוצה **להתחתן** בעוד שנה.	הבחור הצעיר מתחתן בעוד שנה.
אתה מתפלל שלוש פעמים ביום?	אתה רוצה **להתפלל** שלוש פעמים ביום?
היא לא רוצה **להתרגש** לפני בחינות.	היא לא מתרגשת לפני בחינות.
אני מתפללת רק בחגים.	אני רוצה **להתפלל** רק בחגים.
אנחנו לא רוצים **להתרגש** עכשיו.	אנחנו לא מתרגשים עכשיו.
את מתרחצת בבוקר?	את רוצה **להתרחץ** בבוקר?
הן לא רוצות **להתחתן** בגיל צעיר.	הן לא מתחתנות בגיל צעיר.

<u>נַחֲלָאוֹת בירושלים</u>

השלימו את המילים החסרות מהרשימה למטה:

ליד שוק מַחֲנֵה יְהוּדָה בירושלים יש ___________ ישנה ומעניינת בשם **נַחֲלָאוֹת.**

נחלאות ________ בסוף המאה ה-19.

יש שם הרבה ___________ של יהודים מהרבה מקומות. מעירק, מתימן, מפָּרָס ועוד ארצות. בבתי הכנסת האלה יהודים דתיים ___________ ולומדים תורה. לאנשים בשכונה אין הרבה כסף, והבתים שם קטנים וישנים.

היום גרים בשכונה הרבה סטודנטים __________ . הם אוהבים את המקום הזה, כי הוא זול ומעניין. גם תיירים רַבִּים אוהבים לטייל בשכונה ולראות שם רחובות קטנים, בתים מיוחדים והרבה ___________ גם של אנשים דתיים וגם של סטודנטים. הסטודנטים שמים מודעות על מסיבות ועל מסעדות, והאנשים הדתיים שמים מודעות על שיעורים של ________ בבית הכנסת.

רבנים, שכונה, קמה, מודעות, צעירים, בתי כנסת, מתפללים

התפעל

א. השלימו את הפעלים מן הרשימה בצורה הנכונה:

1. מזל טוב! אתם _____?
2. תודה רבה על המתנה היפה. אני מאוד _____.
3. אנחנו _____ לשלום ולחיים טובים לכולם.
4. אני _____ עם הרבה חברים ב- Facebook.
5. היא רוצה _____, אבל אין מים חמים.
6. אני רוצה _____ יפה למסיבה הזאת.

להתחתן, להתלבש, להתרחץ, להתפלל, להתרגש, להתכתב

ב. דיאלוג

השלימו את הפעלים מן הרשימה:

יוסי: גם היום אין מה לראות בטלוויזיה. אין חדשות, אין פוליטיקה, אין ספורט טוב. לא מדברים על שום דבר חשוב. מדברים רק על מסיבות ועל אהבה. היום מדברים בטלוויזיה על אנשים ועל חתונות. מי _____ עם מי, ומי רוצה _____. אני לא מכיר את כל האנשים האלה.

חנה: כי היום אנשים _____ מסיפורים קטנים ולא חשובים. אולי הפוליטיקה חשובה, אבל הרבה אנשים רוצים חדשות קטנות, ולדעת על החיים של אנשים אחרים.

יוסי: טוב, טוב, ולמה אני צריך לדעת, איזו אישה _____ יפה ואיזו לא? או מה חשוב ללבוש ומתי? אלה לא החיים שלי, נכון?

חנה: נכון, אבל זה כיף לראות את זה בטלוויזיה. היום כל אחד רוצה לדעת הכול על כולם.

יוסי: די, אני "_____" לקצת שקט או לרדיו עם מוזיקה טובה או למשהו מעניין בטלוויזיה.

חנה: טוב, בסדר. יש מים חמים? אני הולכת עכשיו _____ ו _____ מהר. אנחנו הולכים לסינמטק לסרט קלאסי.

מתרגשים, מתחתן, מתפלל, להתחתן, מתלבשת, להתלבש, להתרחץ

צריך- need

עד שיעור 12 תפזורת פעלים וגם מילים

ב	ש	ב	ל	ת	מ	י	ש	י	ג	ר	מ
א	ת	ש	ב	ו	ל	ד	ג	ה	א	ו	ת
ת	ח	ת	ט	פ	ש	ש	ח	ז	ע	ח	ח
ב	ג	פ	כ	י	צ	ח	ר	ת	מ	צ	ת
ש	ע	י	כ	ה	נ	ו	ת	ח	ל	ע	נ
א	צ	ל	ל	פ	ת	ה	ל	ת	מ	י	י
ל	ו	ה	ה	מ	ב	ב	ד	נ	ה	ר	מ
ה	ב	ו	ש	ת	ס	ת	ד	ו	ש	מ	ד
י	ה	ק	ב	ר	י	ב	ס	מ	ש	ג	ש
ת	מ	נ	ש	ג	ל	ח	ע	י	ל	ר	ר
נ	ח	מ	ש	ש	צ	י	כ	ק	ת	ר	א
מ	ל	א	י	ת	ת	ב	ת	כ	ת	מ	א

השלימו את המילים או כתבו מה נכון:

1. אני כותב הרבה מכתבים, כי אני ________ עם כל העולם.
2. הוא מדבר בטלפון לפני השיעור, ו__________ לדבר גם אחרי השיעור.
3. הוא **עצוב** ואתה לא. אתה __________.
4. זאת לא **שאלה** זאת __________.
5. אתה רק בן 20. אתה __________.
6. אתם **מרגישים/ מתרגשים** טוב?
7. ה**תפילה** בעברית. היא אוהבת _______ בעברית.
8. אני תמיד **מתרחץ / רוחץ** במים חמים.
9. הוא **מתלבש/ לובש** מהר בבוקר.
10. הוא **חתן** והיא _________.

תפילה, חתן, כלה, חתונה, דתי, צעיר, בעל, שמח, עצוב, שאלה, תשובה

להתפלל, מתחתנים, מרגישים, מתרגשת, מתלבש, ~~לובשת~~, מתרחץ, רוחץ, מסביר, ממשיך, מתכתב, לבקש

שיעור 13

עבר ע"ו

א. עבודה בזוגות: מהווה לעבר

אתם מדברים כמו בדוגמה: אני טס ליפן.---- (אני) טסתי ליפן.	
מתי את טסה לחו"ל?	מתי (את) **טסת** לחו"ל?
הם כבר **באו**.	הם כבר באים.
אתן נחות בסוף השבוע?	(אתן) **נחתן** בסוף השבוע?
היא **שרה** מצוין בקונצרט.	היא שרה מצוין בקונצרט.
אנחנו קמים בשבע.	(אנחנו) **קמנו** בשבע.
איפה (אתם) **שמתם** את הספרים?	איפה אתם שמים את הספרים?
הן גרות בקיבוץ ליד חיפה.	הן **גרו** בקיבוץ ליד חיפה.
(אנחנו) **נחנו** אחרי העבודה.	אנחנו נחים אחרי העבודה.
אני לא קם בזמן.	(אני) לא **קמתי** בזמן.
(אתה) **גרת** במעונות?	אתה גר במעונות?
את שמה את הפירות על השולחן.	(את) **שמת** את הפירות על השולחן.
לאן הוא **רץ**?	לאן הוא רץ?
אני בא לעבודה בשמונה.	(אני) **באתי** לעבודה בשמונה.
(אתן) **טסתן** באל על?	אתן טסות באל על?
למה אתה קם מאוחר?	למה (אתה) **קמת** מאוחר?
הן **צמו** ביום כיפור.	הן צמות ביום כיפור.

ב. עבודה בזוגות: משם פועל לעבר

אתם מדברים כמו בדוגמה: אני רוצה לטוס ליפן.---- גם אתמול (אני) טסתי ליפן.	
הוא לא רוצה לבוא לכיתה.	גם אתמול הוא לא **בא** לכיתה.
הם לא רוצים לקום בבוקר.	גם אתמול הם לא **קמו** בבוקר.
היא רוצה לשיר במקלחת.	גם אתמול היא **שרה** במקלחת.
אני לא רוצה לצום.	גם אתמול (אני) לא **צמתי**.
אתם לא רוצים לבוא לסרט?	גם אתמול (אתם) לא **באתם** לסרט.
אנחנו רוצים לשים את התיק פה.	גם אתמול (אנחנו) **שמנו** את התיק פה.
אתה רוצה לרוץ בפארק.	גם אתמול (אתה) **רצת** בפארק.
אני רוצה לשיר במסיבה.	גם אתמול (אני) **שרתי** במסיבה.
הן רוצות לבוא לטיול.	גם אתמול הן **באו** לטיול.
היא לא רוצה לקום מהמיטה.	גם אתמול היא לא **קמה** מהמיטה.
אנחנו רוצים לרוץ על יד הים.	גם אתמול (אנחנו) **רצנו** על יד הים.
את רוצה לצום?	גם אתמול (את) **צמת**.
אני רוצה לנוח בערב.	גם אתמול (אני) **נחתי** בערב.
אתן רוצות לטוס לאילת?	גם אתמול (אתן) **טסתן** לאילת.

<u>מספרים סודרים</u>

א. אתם כותבים נכון: מי ראשון, שני, שלישי, רביעי...

אנחנו בחופש: בשבוע ה (1)__________ אנחנו נוסעים לים. בשבוע ה (2)__________

אנחנו מבקרים את המשפחה בירושלים. בשבוע ה (3) __________ וה (4) __________

אנחנו לא עושים שום דבר. איזה כיף.

ב. אנחנו משחקים: ראשון, ראשונה, שני, שנייה, שלישי, שלישית...

- יעל את (1) _________, דינה (2) _________ ומיכאל (3) _________ .

- רגע, מיכאל לא (3)_________, הוא (4) _________. דינה (3)_________,

ואורי (2) _________. בסדר?

- יופי, אז מי ראשון, מי שני, מי שלישי ומי רביעי?______________________________

<u>מילים, מילים עד שיעור 13</u>

מה המילה הנכונה?

1. אתה ראשון, את שנייה והוא בסוף. הוא ___________. **אחרון/ אחר/ לפני**

2. אנחנו גרים בעיר, אבל אנחנו רוצים לגור ב_______, במקום שקט. **כפר/ טיול/ מסיבה**

3. באילת תמיד חם, אני אוהב את __________ באילת. **שכונה/ מזג האוויר/ חבילה**

4. הוא מבין את השאלה, אבל הוא לא יודע מה ה_________. **מחנה/ תשובה/ חתונה**

5. היא _________ בת שש, והיא הולכת לבית ספר. **תמיד/ מה פתאום/ כבר**

6. אני רוצה חיים _________ בלי בעיות. **נהדר/ פשוטים/ טעימים**

7. שיעורי הבית היום ___________. **קשה/ קלים/ קצרות**

8. לפעמים אני עצוב, ולפעמים אני__________ מאוד. **שמח/ דתי/ מרגיש**

9. אני רוצה לשלם את ה_________________. **מקום/ כרטיס/ חשבון**

10. יהודים דתיים מתפללים שלוש _________ ביום. **פעם/ לפעמים/ פעמים**

11. אני לא אוהב שוקולד ________, כי אני לא אוהב סוכר. **מתוק/ מֶלַח/ מאוחר**

12. איזה יופי! עבודה חדשה? אז __________. **מזל טוב/ בהצלחה/ בבקשה**

13. איזה יופי! אתם מתחתנים? אז __________. **מזל טוב/ בהצלחה/ כיף**

14. הוא גר ב__________ נחמדה ליד מרכז העיר. **שנה/ שכונה/ מקום**

15. זה אבא וזאת אימא של **דן**. אלה ה__________ של **דן**. **הורים/ דודים / חברים**

16. כבר 12 בלילה? זה נורא __________, אני קם ב-6. **לילה/ מהר/ מאוחר**

17. הכלב הזה __________ על הבית. **שומר/ מבקר/ מחפש**

18. העוגה מצוינת ו__________. **קצרה/ בריא/ טעימה**

אתם כותבים את המילים מהרשימה בצורה הנכונה:

1. כל שבת אני __________ את המשפחה שלי בירושלים.
2. איזו עוגה נהדרת, העוגה הזאת __________ מאוד.
3. אני גרה __________ למרכז העיר.
4. פסיכולוגים כמו **פְרוֹיְד** אומרים: ה__________ חשוב מאוד.
5. הרבה מסיבות בישראל מתחילות __________ בלילה.
6. נְוֵה צֶדֶק היא __________ ישנה ומיוחדת בתל אביב.
7. הכלב שלי אוהב לשחק, ולא רוצה __________ על הבית.
8. היום אנשים לא __________ בצהריים. הם עובדים כל היום בלי הפסקה.
9. מה טוב __________ שוקולד משוויץ או שוקולד מבלגיה?
10. לפי __________ עתיקה. החתן לא רואה את הכלה ביום של החתונה.
11. הוא מרגיש לא טוב. הוא __________, לא אוכל שום דבר, ושותה רק מים.
12. אנחנו לא גרים בעיר, אנחנו גרים ב__________.

חלום, מסורת, שכונה, קרוב, טעימה, מאוחר, יותר, כפר; לשמור – שומר, לבקר – מבקר, לנוח – נח , לצום – צם

סמיכות מיודעת

א. ליד רחוב שֵינְקִין:

אתם מסמנים את הסמיכות כמו בדוגמה:

אנחנו גרים במקום נהדר. יש פה שוק ירקות גדול, וחנויות בגדים יפות וגם חנות ספרים טובה. יש בית קפה מצוין עם עוגות גבינה טעימות ולא יקרות, ויש גם מרכז ספורט קטן קרוב לבית.

ב. השלימו מה יש ליד רחוב שֵינְקִין:

שוק **הירקות** גדול, חנויות__________ יפות, חנות __________טובה, בית __________ מצוין. עוגות __________ טעימות ולא יקרות, וגם מרכז __________ קרוב לבית.

ג. אתם כותבים את הסמיכות כמו בדוגמה:

יש פה בית קפה – איפה בית **ה**קפה?

1. יש פה חנות ספרים? איפה __________?
2. אני אוהב עוגות גבינה. אני אוהב מאוד את __________ של אימא.
3. הוא כותב ספר ילדים. הוא כותב את __________ במחשב.
4. הוא עושה סלט ירקות גדול, כי הוא אוכל את __________ כל היום.
5. היא שותה מיץ פירות מצוין. היא קונה את __________ בקיוסק.
6. אנחנו פוגשים תלמידי אולפן. אנחנו מדברים עם __________ רק בעברית.
7. הן גרות בדירת סטודנטים. __________ ברמת אביב.
8. אני גרה ברחוב **דִיזֶנְגוֹף**. __________ בתל אביב.
9. אני אוהבת גינות פרחים. __________ בקיבוץ הזה יפות מאוד.
10. קניתי משקפי שמש חדשים. __________טובים מאוד.

מִשְקָפַיִים

ד. אתם כותבים ה' רק אם צריך:

דוגמה: ___סלט _הַ_ ירקות ___טעים מאוד.

1. ___ מסעדה ליד ___ בית של **דויד** ___ קטנה וטובה.

2. ____ סלט ____ עגבניות ____ מצוין.

3. ___ חנות ___ ספורט בקניון ___ טובה מאוד.

4. ___ עוגת ___ שוקולד בבית ____קפה ____ נהדרת.

5. ___ בית ___ ספר בשכונה ___ חדש וגדול.

6. ___ קפיטריה פה ____ זולה, אבל ___ מסעדת ___דגים ____ יקרה.

7. ___ מרכז ___ מוזיקה ליד ___רחוב ___ **וַייצְמָן**.

8. ___ בשבוע ___ ראשון של ___ קיץ לא לומדים.

שיעור 14

ל...

לי

לך   **לך**

לו   **לה**

לנו

לכם   **לכן**

להם   **להן**

פעלים: נותן ל..., אומר ל..., שולח ל..., קורא ל..., כותב ל..., מספר ל..., קונה ל...,

מסביר ל...,

אתם כותבים: לי, לך, לו...

1. אימא: ילדים, אני **קונה** _______ היום כרטיסים לסרט הילדים החדש.
2. **תן** לילדה את הספר הזה. **תן** _______ את הספר החדש בעברית.
3. שירי, אולי את באה לבית הקפה עכשיו? אני רוצה **לתת** _______ משהו.
4. המורה **מסביר** לתלמיד הכול. הוא **מסביר** _______ גם את המילים החדשות.
5. רינה ודנה הולכות לעבודה, ואנחנו **אומרים** _______ : "להתראות בערב".
6. אימא **מספרת** _______ סיפור כל ערב. אנחנו אוהבים את הסיפורים של אימא.
7. דניאל, אני רוצה **לקרוא** _______ משהו יפה מהעיתון. בסדר?
8. מה אתה רוצה **לומר** לחתן ולכלה בחתונה? אתה רוצה לומר _______ משהו מיוחד?
9. הילדות אוהבות את מירי, כי היא תמיד **מספרת** _______ סיפורים יפים.
10. אבא: אני **קונה** לך ולדויד פיצה, וגם **נותן** _______ קצת כסף לסרט.
11. מה אתה **אומר** לילד בבוקר? אתה אומר _______ בוקר טוב?
12. - איך אתה **כותב** למשפחה בעברית או באנגלית?

    - אני **כותב** _______ באנגלית וקצת בעברית.

13. דן **קונה** לגלית שוקולד, והוא **נותן** _______ גם פרח.
14. למה אתה לא **שולח** _______ מכתבים? אני רוצה מכתב יפה.

אתם כותבים את המילים הנכונות:

לוֹטוֹ

1. בחודש אוֹגוּסְט אנחנו לא עובדים, יש לנו ________ מהעבודה.
2. החתן נותן לכלה ________ בחתונה.
3. הוא קונה כרטיס **לוֹטוֹ**, כי הוא חושב על ה________.
4. בבקשה לא לרוץ מהר, אתה לא רוצה ________, נכון?
5. ההורים רוצים ________ מתנה לילד, כי יש לו יום הולדת.
6. בראש השנה אנשים אוכלים עוגה עם ________ למזל ולברכה.
7. לא תמיד יש בחתונה ________ דתי.
8. הילד לא רוצה ________ נעליים, כי חם עכשיו.
9. אני מבקש לא________. בבקשה לשֶבֶת.
10. טניס הוא ________ יפה ומעניין.
11. יש להם שני ילדים: בן קטן ו________ גדולה.
12. - מה אתה עושה ביום שישי?
    - ________ אני הולך לשוק, אבל היום אני הולך לראות סרט.
13. השֵם שלו **רְפָאֵל**, אבל החברים ________ לו **רָפָא** או **רָפִּי**.
14. ה________ הצעיר (החתן והכלה) בא לחתונה במכונית גדולה.
15. בשֵם **דן** יש רק שתי ________, בשֵם **דני** יש שלוש.

זוג, משחק, מזל, חופש, דבש, טקס, אותיות, בת, בדרך כלל, טבעת

לנעול, לתת, לעמוד, ליפול, קוראים

אותיות

שיעור 15

יש ≠ אין לי, לךָ, לךְ, לו, לה,

לנו, לכם, לכן, להם, להן.

א. אתם כותבים כמו בדוגמה: יש או אין וגם: לי, לך, לך...

דוגמה: יש לך כלב חדש? **כן, יש לי כלב חדש**

1. יש לך עיתון באנגלית? לא. אין ___________
2. יש לו חיים טובים? כן, ___________
3. יש להם הרבה ילדים? לא, ___________
4. יש לכן טיול מחר? לא, ___________
5. יש לך עבודה מעניינת? כן, ___________
6. יש להם טלוויזיה בחדר? כן, ___________
7. יש לכם יין טוב? כן, ___________
8. יש לך ספר טוב ומעניין? כן, ___________
9. יש להן ספרים בעברית? לא, ___________
10. יש לך יום הולדת היום? לא, ___________
11. **לדן** יש משפחה גדולה? כן, ___________
12. **לדן ולמאיה** יש עבודה טובה? כן, ___________
13. **להורים** של יעל יש מכונית חדשה? כן, ___________
14. **לגלית** יש חבר חדש? לא, ___________
15. **לחנה ולשירה** יש הרבה מזל? נכון. יש ___________

ב. אתם כותבים כמו בדוגמה: יש או אין וגם: לי, לך, לך, ...

דוגמה: יש **לדינה** עבודה, אבל **אין לה** כסף.

1. יש **לו** אישה, אבל__________ ילדים.
2. יש **לרון ולשרה** דירה חדשה, אבל __________ רהיטים בדירה.
3. אין **לי** משפחה בישראל, אבל __________ משפחה גדולה בחו"ל.
4. יש **לו** הרבה חברים, אבל __________ חברה.
5. יש **להורים** של אורי עבודה טובה, ו__________ גם כסף.
6. יש **לי** מחשב חדש, ו__________ גם טלפון חדש.
7. יש **לי** קפה טוב, אבל __________ חלב בבית.
8. יש **להן** הרבה דברים בבית, אבל __________ זמן לשֶבֶת בבית.
9. אין **לדויד** בעיות, כי __________ חיים טובים.
10. – יש **לכם** זמן בערב?

– כן, __________ הרבה זמן בערב.

<u>מה הולך עם מה? אחד לא נכון</u>

דוגמה: ~~כביש~~/ דרך/ שרשרת – **<u>ארוכה</u>**/ ---- **כביש** (שרשרת ארוכה, דרך ארוכה)

1. ילד, מקום, יום – נמוך
2. עבודה, בעיה, מסעדה – קשה
3. יד, אמת, דרך – ארוכה
4. בית, יום, שיער – קצר
5. קו, גיל, גב – ישר
6. אישה, מיטה, שנה – גבוהה
7. גשם, בחור, חג – דתי
8. הר, חתן, חודש – גבוה
9. אוכל, סמל, חומוס – טעים
10. מרכז ספורט, כפר, מזג אוויר – קרוב
11. מחנה, שכונה, מסיבה – נהדרת
12. יין, שוק, כלב – שחור
13. בחורה, כלה, טבעת – צעירה
14. מִשחק, ספר, מֶלַח – משעמם
15. מנהג, מזג אוויר, מקום – חשוב

יש לי בעיה – מה עושים?

א. בעיה: אני לא מכירה אנשים:

היום בערב יש מסיבה, ואין ____ עם מי ללכת. אין ____ חבר, ואני לא מכירה הרבה אנשים.

<u>אני</u> באמת לא יודעת מה לעשות: ללכת או לא ללכת למסיבה?

_____

_____

_____

ב. בעיה: שתי חברות:

יונתן מספר: יש _____ שתי חברות. חברה אחת בישראל ואחת באמריקה. אני אוהב את

החברה באמריקה, אבל אני אוהב גם את החברה בישראל. החברה באמריקה יפה ונחמדה,

וגם החברה בישראל יפה ומיוחדת. אני לא יודע איפה אני רוצה לגור, אני לא יודע מה לעשות.

_____

_____

_____

ג. בעיה: אין שקט:

שלום, אנחנו רוצים לדבר עם מישהו מהמעונות.

יש ____ בעיה. אנחנו גרים פה ורוצים ללמוד, אבל אין פה שקט. יש פה רַעַש של מוזיקה,

וגם הרבה סטודנטים מדברים ושותים פה בירה כל הלילה.

מה עושים?

באמת, יש ____ בעיה.

_____

_____

_____

רעש- noise

<u>חזרה</u>

א. מה נכון?

1. השיעור __________ בשעה שמונה וחצי.	**מרגיש/ מתחיל/ בא**
2. הוא אוכל במסעדה, ועכשיו הוא רוצה _____ את החשבון.	**לקנות/ לשלם/ לאכול**
3. היא שואלת שאלה, ואני יודע את ה_________.	**בעיה/ תשובה/ שיחה**
4. למה את לא _______ את התה על השולחן?	**שמה/ קמה/ באה**
5. איך אתם _________ היום, בסדר?	**מסבירים/ מפסיקים/ מרגישים**
6. אין לו עבודה. הוא ________ עבודה עכשיו.	**משלם/ יודע/ מחפש**
7. למה ________ פה שום דבר?	**לא/ יש/ אין**
8. את _________ את הסטודנטים החדשים?	**יודעת/ מכירה/ מתרגשת**
9. למה הוא מדבר בטלפון כל הזמן? למה הוא לא _________ לדבר?	**מזמין/ מפסיק/ מתחיל**
10. אני אוהב מקומות ________.	**מעניין/ מעניינים/ מעניינות**
11. היא בת 6 וכבר קוראת ________.	**נהדר/ נהדרת/ נהדרים**
12. היא לא חולה, היא מרגישה __________	**טוב/ טובה/ טובים**
13. את יודעת מי גר ב_________ הזה?	**רחוב/ שכונה/ עיר**
14. **טלי**, _________ לי בבקשה את העיתון.	**תן/ תני/ תנו**
15. יש פה כיסא. למה את ________ ולא יושבת?	**עוברת/ עומדת/ נופלת**
16. זה יין אדום וזה יין __________.	**לבן/ אדום/ שחור**
17. _______ קפה אתה רוצה גדול או קטן?	**מה/ איך/ איזה**
18. _______ הוא מרגיש? הוא מרגיש טוב.	**איזה/ איך/ מתי**
19. למה אתה לא _______ חברים למסיבה?	**מתחיל/ מתרגש/ מזמין**
20. בשבת אנחנו ________ ולא עובדים.	**קמים/ באים/ נחים**
21. הם אוהבים סיפורים ________ עם הומור.	**עצוב/ מצחיקים/ מסבירים**
22. האוטובוס הזה ________ ליד המעונות?	**הולך/ נופל/ עובר**
23. איך _______ לך בבית: **רון** או **רוני**?	**קוראים/ מספרים/ אומרים**
24. מתי אתה ______ את הילד לשחק בפארק?	**משחק/ בא/ לוקח**
25. אנחנו קונים הרבה _______ למסיבה.	**צרות/ דברים/ מודעות**
26. ב_______ הזה יש הרבה מכוניות.	**דרך/ כביש/ נוף**
27. היא _______ נחמדה ויפה.	**הרבה/ כל כך/ מה פתאום**

ב. מה ההפך?

דוגמה: חם ≠ קר

1. מוכר ≠ משלם, קונה, מחפש
2. הולך ≠ בא, מפסיק, מתחיל
3. קם ≠ יושב, רוצה, מקבל
4. עובד ≠ מבקר, נח, קורא
5. חדש ≠ עתיק, מודרני, חם
6. חתן ≠ בעל, אדם, כלה
7. אתמול ≠ יום, מחר, אחרי הצהריים
8. שאלה ≠ תשובה, תרגיל, בבקשה
9. נותן ≠ פוחד, לוקח, משחק
10. קצר ≠ ארוך, פשוט, קל
11. שואל ≠ עונה, חושב, פוחד
12. קשה ≠ נעים, קל, מצחיק
13. עצוב ≠ מיוחד, נהדר, שמח
14. בריא ≠ מתוק, חולה, פשוט
15. מלחמה ≠ חופש, שלום, תרגיל
16. צרות ≠ חיים טובים, חיים רעים, הרבה בעיות
17. יורד ≠ עולה, רץ, לוקח
18. מהר ≠ קשה, בשקט, לאט
19. יותר ≠ פחות, עוד, מספיק
20. שמאל ≠ ישר, מאוחר, ימין

<u>אוצר מילים</u>

א. אתם כותבים את המילים הנכונות:

1. אני שואל שאלה, אבל אתה לא __________ לי.
2. ה__________ של ישראל הוא המנורה.
3. למה אתה__________? הכלב הזה לא עושה שום דבר.
4. הילד כבר בן __________ והיום יש לו יום הולדת.
5. **פִּינוֹקְיוֹ** לא תמיד אומר את ה__________.
6. בבקשה __________ ולא לרוץ, כי יש מכוניות בכביש.
7. מה אתה רוצה __________ לטיול לאילת? תיק, יומן, טלפון, בגדים ו...
8. אני מבקש לשים את הטלפון __________ התיק.
9. ילדים קטנים אוהבים מאוד__________ את המשפחה שלהם.
10. – סליחה, אוטובוס חמש נוסע מפה?

– כן, __________ חמש עובר פה.

11. התיירת רוצה לקנות טבעת ו __________ עתיקה בשוק ביפו.
12. כל יום אני מדבר עם החברים בחו"ל. יש לנו __________ ארוכות ב**סְקַייפּ**.
13. ילדים מציירים שמש ב __________.
14. – מתי אתה חוזר הביתה?

– __________ בשעה חמש.

שנתיים, בערך, עיגול, סמל, שרשרת, אמת, בתוך, קו, שיחות

לצייר, לקחת, פוחד, לשים לב, עונה

ב. מה נכון?

1. **הולכים** ו**רצים** עם ה__________.
2. **מדברים** ו**אוכלים** עם ה__________.
3. **רואים** ו**קוראים** עם ה__________.
4. **שומעים** עם ה__________.
5. **כותבים** ו**מציירים** עם ה__________.
6. **אוהבים** עם ה__________.
7. **חושבים** עם ה__________.

עיניים, אוזניים, פה, לב, ראש, רגליים, ידיים

שיעור 16

גוף

א. אתם כותבים:

איפה הגב? איפה הבטן? איפה האוזן? איפה העין? איפה האף? איפה הרגל? איפה היד?
איפה הלב? איפה הצוואר? איפה השיער? איפה הראש? איפה השיניים? איפה הפה?

ב. מה ההפך: אתם כותבים בצורה הנכונה:

דוגמה: ידיים קטנות	≠	ידיים גדולות
איש גבוה	≠	____________
רגל קצרה	≠	____________
בחור שמן	≠	____________
ילדה שמחה	≠	____________
גוף קטן	≠	____________
שיער שחור	≠	____________
עיניים עצובות	≠	____________
שיניים גדולות	≠	____________

גדול, נמוך, ארוך, רזה, עצוב, שמח, לבן, קטן

אוצר מילים

א. אתם כותבים את המילים הנכונות:

1. בסתיו לא קר מאוד בארץ, רק קצת ____________.
2. בחורף היום ____________ ובקיץ היום ____________.
3. אתה לומד כבר שלוש שנים, אתה __________ בסוף הקורס.
4. כובע ירוק __________ לזָ'קֶט כחול?
5. יש פה כל כך הרבה ספרים טובים, נורא קשה _________ ספר אחד.
6. __________ ילדים קטנים יודעים היום לעבוד במחשב.
7. חורף, אביב, קיץ ו____________ הם ארבע ה_________ של השנה.
8. יש לו בגדים בהרבה ____________: כחול, לבן, אדום, ירוק...
9. צבע כחול וצבע צהוב ביחד = צבע ______________.
10. הוא רוצה לקרוא את כל הספר עד ה __________ בלי להפסיק.
11. ה____________ אומרים: לא טוב להיות רזה מאוד או שמן מאוד.
12. צהוב ואדום הם הצבעים של ה________________.

רופאים, אפילו, עונות, קריר, ארוך, קצר, כמעט, מתאים, סוף, אש, ירוק, סתיו, צבעים, לבחור

ב. אתם כותבים את הצבע הנכון:

האדמה	____________	העצים באביב	____________		
השמים	____________	הלימונים	____________		
החלב	____________	העגבנייה	____________		

ג. מה ההפך: דוגמה: חם ≠ קר

אביב ≠	____________	קצרות ≠	____________
אדמה ≠	____________	שמנה ≠	____________
נמוכה ≠	____________	קיץ ≠	____________

<u>שיעור 17</u>

<u>קטע קריאה: האַרְיֵה והבחורה היפה - סיפור עם אתיופי</u>

יום אחד עבר האריה ליד המעיין בכפר ופתאום ראה בחורה צעירה ויפה. האריה הלך אחרי הבחורה עד הבית שלה.

אבא של הבחורה ראה את האריה ושאל: "למה אתה פה? מה אתה מחפש פה?"

האריה אמר: "אני רוצה להתחתן עם הבת שלך".

האבא חשב מה לעשות, ואז אמר: "הבת שלי לא רוצה להתחתן עם אריה עם שיער ארוך".

- "טוב", אמר האריה והלך למספרה הכי טובה בעיר וחזר בלי שיער על הראש.

האבא אמר: "הבת שלי לא רוצה להתחתן עם חיה גדולה עם ציפורניים גדולות".

- "טוב", אמר האריה, "אני יכול לחיות גם בלי ציפורניים".

האבא אמר: "הבת שלי לא רוצה להתחתן עם חיה גדולה עם הרבה שיניים".

האריה חשב ואמר: "בסדר, אני יכול לאכול גם בלי שיניים".

אַרְיֵה

עכשיו היה האריה בלי שיער, בלי ציפורניים ובלי שיניים.

האריה שאל את האבא של הבחורה: מתי החתונה?"

אז אמר האבא: "אין חתונה. האריה הוא מלך החיות, האריה הוא חיה גדולה עם שיער עם ציפורניים ועם שיניים גדולות, ועכשיו אתה כבר לא באמת אריה, אתה שום דבר. הבת שלי צריכה מישהו מיוחד, ולא מישהו בלי שיניים". האריה הלך משם כועס ועצוב, בלי שיניים, בלי שיער ובלי הבחורה היפה.

מה לומדים מהסיפור הזה?

אתה צריך לדעת מי אתה. אתה צריך להיות תמיד אתה ולא מישהו אחר, גם אם זה קשה ולא קל.

צִיפּוֹרְנַיִים – nails, claws

<u>תרגיל חזרה עד שיעור 17</u>

1. עבדתי כל כך קשה השבוע, ואני מאוד ________________.
(עייף / משעמם / דתי)

2. החוקרים מצאו ________________ של כסף וזהב.
(נחושת / אור / אוצר)

אוצר

3. מזג האוויר קצת ________________ בסתיו.
(קריר / אוויר / אש)

4. השעה ________________ 7:30.
(בדרך / בערך / קצת)

5. לכול אחד יש הרבה ________________ להצליח.
(שאלות/ תשובות / חלומות)

6. ילדים קטנים ________________ עיגולים וקווים.
(משחקים / מתחילים / מציירים)

7. סבא שלי ________________**בפולין** לפני 80 שנה.
(מספר / פגש / נולד)

8. הוא לא יהודי או מוסלמי הוא ________________.
(נוצרי / חושך/ עיתונאי)

9. הוא עובד בלי כסף, כי הוא ________________.
(מתרחץ / מתרגש / מתנדב)

תיק

10. אנחנו גרים ליד האוניברסיטה ________________ לקניון.
(שומר / אחר / קרוב)

11. הוא מחפש את התיק, אבל לא ________________.
(מוכר / מוצא / עוזר)

12. הוא לא גבוה מאוד, הוא קצת ________________.
(קצר / קל / נמוך)

שרשרת

13. הטמפרטורות ________________ פה בקיץ.
(קצרות / גבוהות / רזות)

14. יש לה עיניים ________________.
(שחור / שחורים / שחורות)

15. היא רק בת 18, היא ________________ מאוד.
(צעירה / עייפה / ישנה)

16. יש לה יום הולדת, ואנחנו רוצים לקנות לה ________________ יפה.
(צוואר / שרשרת / חופש)

17. למה את _____ כל כך לאט?
(לובשת / אומרת/ מתלבשת)

18. דויד ויעל הם _____ צעיר.
(זוג / גיל / בני)

19. עכשיו כבר 12 בלילה וקצת _____ ללכת למסיבה.
(מאוחר / מרכז / קרוב)

20. אין לו עבודה, יש לו הרבה _____.
(צרות / בעיה/ חוקרים)

21. הוא הולך בבוקר לעבודה, ובערב הוא חוזר _____.
(הבית / מבית / הביתה)

22. הוא יושב ליד המחשב, _____ ולא לומד.
(משחק / לוקח / נותן)

23. הוא _____ להם מתנה יפה לחתונה.
(נתן / לקח / נעל)

24. תפוח בדבש הוא _____ של ראש השנה.
(טקס / מנהג / טבעת)

מְגִילַת אֶסְתֵּר

השלימו את המילים מהרשימה:

בחג פורים קוראים ספר מיוחד בשם **מְגִילַת אֶסְתֵּר**. החוקרים לא יודעים מתי ואיפה כתבו את ה_____ הזאת. במגילה יש הרבה מילים ב_____ הפרסית, וגם הרבה אינפורמציה על **פֶּרֶס**, אז הם חושבים שאולי כתבו את הסיפור הזה בפרס (היום **אִירָן**) בשנים 200-400 _____.

החוקרים לא יודעים באיזה מקום הסיפור הזה קרה, ואולי הוא לא קרה באמת. אולי זה סיפור היסטורי ואולי לא. הם גם לא יודעים מי המלך ההיסטורי במגילה, ולמה לאנשים במגילה יש _____ לא יהודיים. אסתר וּמָרְדְּכַי הם שמות פופולָריים היום, אבל אלה לא שמות יהודיים רגילים. יש חוקרים שחושבים שהמגילה היפה הזאת _____ למה חג פורים הוא חג _____. פורים הוא חג שמח מאוד כמו קַרְנְבָל, אבל זה לא רק קרנבל, כי המגילה מספרת לנו על נס מהשמיים. אסתר המלכה _____ לעם שלה, והסוף של הסיפור טוב. כך _____ חג מיוחד: גם שמח מאוד וגם דתי.

_____

שמות, נולד, דתי, מסבירה, מגילה, לפני הספירה, עזרה, שפה

רגיל – usual   נֵס – miracle

<u>פעל עבר</u>

עבודה בזוגות: מהווה לעבר

אתם מדברים כמו בדוגמה: אני נוסע לירושלים.---- (אני) נסעתי לירושלים.	
לאן אתה **נוסע**?	לאן (אתה) נסעת?
(אני) לא ידעתי שום דבר.	אני לא **יודע** שום דבר.
מתי הם **חוזרים** הביתה?	מתי הם חזרו הביתה?
מי עזר לך לעשות שיעורי בית?	מי **עוזר** לך לעשות שיעורי בית?
אנחנו **פוחדים** מהמבחן.	(אנחנו) פחדנו מהמבחן.
היא הלכה לעבודה בשמונה.	היא **הולכת** לעבודה בשמונה.
אני לא **מוצא** את הספר שלי.	(אני) לא מצאתי את הספר שלי.
(אתן) שאלתן הרבה שאלות.	אתן **שואלות** הרבה שאלות.
למה אתה לא **רוחץ** ידיים?	למה (אתה) לא רחצת ידיים?
מה (את) לבשת לחתונה?	מה את **לובשת** לחתונה?
אתם **לוקחים** את הילד לפארק?	(אתם) לקחתם את הילד לפארק?
הן לא רקדו במסיבה.	הן לא **רוקדות** במסיבה.
הילדים **עוזרים** להורים בגינה.	הילדים עזרו להורים בגינה.
על מה (את) חשבת?	על מה את **חושבת**?
למה הם **עומדים** ולא **יושבים**?	למה הם עמדו ולא ישבו?
(אנחנו) אמרנו את התשובה.	אנחנו **אומרים** את התשובה.
ההורים **כועסים** על הילדים.	ההורים כעסו על הילדים.

<u>קטע קריאה: עָמוֹס עוֹז (שיחה עם עמוס עוז ב-2002)</u>

- מי אתה עָמוֹס עוֹז?

- אני נולדתי **בירושלים** ב-1939, <u>גרתי</u> בדירה קטנה עם אבא ואימא שלי, <u>והלכתי</u> לבית הספר **בירושלים**. עכשיו אני לא גר שם, אבל **ירושלים** היא תמיד העיר שלי. <u>אהבתי</u> ואני אוהב את העיר הזאת מאוד, כי זאת עיר מעניינת וגם קשה. גם היום אני אוהב ללכת ברחובות הקטנים לראות את הבתים הישנים ולדבר עם אנשים.

בגיל 14 <u>עברתי</u> לגור בקיבוץ **חוּלְדָה**, <u>עבדתי</u> שם בחקלאות, <u>ולמדתי</u> שם. בקיבוץ **חולדה** <u>פגשתי</u> בחורה נחמדה ועכשיו היא האישה שלי (יש לנו שלושה ילדים). אני <u>למדתי</u> באוניברסיטה **בירושלים** פילוסופיה וספרות עברית. היום אני גר בעיר **עֲרָד** ליד באר שבע, ואני פרופסור באוניברסיטה **בבאר שבע.**

- <u>כתבת</u> הרבה ספרים?

- כן, <u>כתבתי</u> הרבה ספרים על ירושלים ועל הקיבוץ וגם על ההיסטוריה היהודית. <u>כתבתי</u> גם בעיתונים על פוליטיקה ואיך צריך לעשות שלום. <u>כתבתי</u> על האנשים פה, כי אני רוצה להבין מי אנחנו, ולמה <u>באנו</u> לישראל, ולמה יש פה בעיות. אני חושב על הבעיות בישראל ואני רוצה לדעת מה אנחנו יכולים לעשות.

- למה <u>כתבת</u> פתאום על המשפחה שלך בסיפור על אהבה וחושך?

- כי רק בגיל מבוגר <u>חשבתי</u> לספר את הסיפור שלי ושל המשפחה שלי ועל העיר שלי **ירושלים**. בספר הזה אני מספר על אבא שלי ועל אימא שלי ועל החיים של המשפחה, וגם על הרבה אנשים **מירושלים** לפני שבעים ושמונים שנה.

- איך <u>כתבת</u> את הספר הזה?

- אני באמת לא יודע. אני <u>חשבתי</u> על ההורים שלי ועל המשפחה שלי כל הזמן, ואז הם "<u>באו</u>" לחדר שלי, "<u>ישבו</u>" בחדר ו"<u>אמרו</u>" לי מה הם חושבים ומה הם רוצים, הם "<u>כתבו</u>" את הספר.

(מעובד ממה נשמע)

יכול – can, is able

מבוגר – לא צעיר

<u>מה מיוחד ב"סיפור על אהבה וחושך"?</u>

A Tale ofLove

and Darkness

קטע קריאה: שיר ילדים

דָּנִי גִּבּוֹר

... פרח נתתי לנוּרית קטן ויפה וכחול
תפוח נתתי לנורית נתתי הכול.

נורית אכלה התפוח
הפרח זרקה בחצר
והלכה לה לשחק עם ילד אחר.

אֶת השיר היפה הזה **כתבה** מרים יָלֶן-שְׁטֶקְלִיס. היא **כתבה** הרבה שירים יפים לילדים בשפה פשוטה שילדים מבינים. היא **כתבה** את השירים האלה לפני שנים רבות: בשנות ה-40 של המאה ה-20. הרבה ילדים שעכשיו הם הורים לילדים קטנים **קראו** **ואהבו** מאוד את השירים האלה. מרים ילן-שטקליס **עבדה** בספרייה באוניברסיטה בירושלים. היא **ידעה** שפות רבות: רוסית, גרמנית, צרפתית וגם עברית, אבל היא **כתבה** רק בעברית. היא **כתבה** שירים מיוחדים מאוד, וגם היום ילדים לומדים את השירים האלה בגן או בבית. לשירים רבים יש גם מוזיקה יפה, וילדים ומבוגרים מכירים ושרים את השירים האלה.

לא כל השירים שמחים, יש גם שירים עצובים, כי היא מדברת בשירים על החיים של ילדים קטנים ועל מה הם מרגישים באמת.

בשיר הזה, דני **נתן** לנורית מתנות, גם פרח וגם תפוח. נורית הקטנה **אכלה** את התפוח, **וזרקה** את הפרח, ובלי הרבה בעיות **הלכה** לשחק עם ילד אחר.

מרים ילן-שטקליס מספרת:

"יום אחד **באה** ילדה קטנה בת 9 לספרייה **ושאלה**: אַת מרים שטקליס?

אמרתי: כן. הילדה **אמרה**: הילדים מהכיתה שלנו רוצים להגיד לך תודה על השיר.

שאלתי: איזה שיר? הילדה **אמרה**: "דני גיבור".

שאלתי: למה?

הילדה **אמרה**: הרבה אנשים **כתבו** הרבה ספרים ארוכים על אהבה, ואת **כתבת** על אהבה בשיר קצר.

אז **ידעתי** שילדים קטנים מבינים אותי".

גִּיבּוֹר – hero

אותי - me

לזרוק – to throw

למה 'דני גיבור' זה שיר עצוב?

____

____

____

תרגילי פועל בעבר

א. מה נכון:

1. היא תמיד **לבשה/ פגשה/ ידעה** רק ג'ינס ישן.
2. הן **שלחו/ ישבו/ חשבו** את החבילה אתמול.
3. למה היא **עזרה/ חזרה/ אכלה** הביתה מאוחר?
4. **כתבנו/ רחצנו/ יצאנו** את הידיים לפני הארוחה.
5. הם **עבדו/ שמעו/ חשבו** קונצרט בפארק אתמול בערב.
6. **שמחתי/ שאלתי/ כעסתי** על הילד, ועכשיו הוא עצוב.
7. למה לא **לקחתָ/ ידעתָ/ נפלתָ** את הספר מהספרייה?
8. הוא **מצא/ נתן/ לבש** ז'קט חם, כי קר עכשיו ויש גם גשם.
9. איפה **מצאתם/ פתחתם/ ירדתם** את הכלב הזה, ברחוב?
10. מתי היא **הלכה/ נסעה/ מצאה** באוטובוס לירושלים?

ב. אתם כותבים בעבר:

דוגמה: הוא **קורא** עיתון – הוא **קרא** עיתון

היא **לומדת** קשה מאוד.	גם לפני שנה היא _____
אנחנו **אומרים** לך מה לעשות.	גם אתמול _____
הוא **הולך** הרבה ברגל.	גם לפני שבוע הוא _____
אני **יושבת** בבית קפה ו**כותבת** במחשב.	גם אתמול _____
אתה **פוגש** הרבה חברים במסיבה.	גם אתמול _____
אתם **לוקחים** את הכלב לטיול?	_____
על מה אתה **חושב** עכשיו?	ועל מה _____ אתמול?
הן **שומעות** רק מוזיקה קלאסית.	גם אתמול בקונצרט הן _____
את תמיד **עוזרת** לחברים.	גם בשבת _____
אני לא **מוצאת** את הנעליים החדשות שלי.	_____
מה את **לובשת** למסיבה בירושלים?	_____
למה אתם לא **שולחים** את המכתב?	_____
הן לא **אוכלות** הרבה בבוקר.	הן _____
ההורים **נותנים** לו מתנה ליום ההולדת.	גם החברים _____
אתה **פוחד** מחתול שחור?	_____
בחופש אנחנו **שומרים** על הילדים של שָׂרה.	_____

ילד בקיבוץ מספר

אתם כותבים את הפעלים בעבר:

אני הבן הראשון של הקיבוץ הזה. ההורים שלי יחד עם החברים האחרים <u>באו</u> (**לבוא**) לקיבוץ

מחו"ל, כי הם _____ (**לחשוב**) על עולם חדש: עולם טוב בלי בעיות.

כל החברים (גם אבא וגם אימא שלי) _____ (**לעבוד**) קשה מאוד בחקלאות. באירופה,

הם _____ (**ללמוד**) בבית ספר, והם לא _____ (**לדעת**) הרבה על החיים בקיבוץ ועל

חקלאות, אבל הם לא _____(**לפחוד**) מעבודה קשה.

- ואיפה _____ (**לגור**) הילדים?

- הילדים בקיבוץ לא _____ (**לגור**) אז עם ההורים. אנחנו _____(**לגור**) בבית

מיוחד לילדים: "בית ילדים". כל ארבעה ילדים _____ (**לגור**) ביחד בחדר אחד.

אנחנו _____(**ללמוד**) ביחד, _____ (**לעבוד**) ביחד. הכול היה ביחד.

- נו, וזה היה טוב?

- לא תמיד, לפעמים זה היה קצת קשה. כל בוקר אנחנו _____ (**לקום**) בשבע, _____

(**ללכת**) לבית ספר ללמוד, וגם _____ (**לעבוד**). זה היה האידיאל: לומדים ועובדים.

- איפה אתם _____ (**לאכול**)?

- אנחנו _____ (**לאכול**) בחדר האוכל. לפעמים עם ההורים ולפעמים עם הילדים.

- ומתי אתם _____ (**לפגוש**) את ההורים?

- _____ (**לפגוש**) את ההורים כל יום מארבע עד הערב. כל יום אחרי הצהרים אנחנו

_____(**ללכת**) לחדר של ההורים ורק בערב אנחנו _____ (**לחזור**) לישון בבית הילדים.

- והיום?

- היום זה קיבוץ אחר. היום הילדים גרים עם ההורים. החדרים קטנים אין הרבה מקום, אבל

זה לא חשוב. יש הורים, יש אחים ויש משפחה, ואני אוהב את זה.

היה - was
אז- then

שיעור 18

של – שלי, שלך, שלך, שלו, שלה, שלנו, שלכם, שלכן, שלהם, שלהן

א. השלימו כמו בדוגמה: היא חושבת על החיים <u>שלה</u>.

1. **את** פוגשת את החבר _____ בבית קפה.

2. מתי **אתם** נוסעים למשפחה _____?

3. **אני** חושבת על הילדים _____ ועל הבעיות _____ (של הילדים).

4. **ההורים** שלי נותנים את הדירה _____ לחברים.

5. **אתה** הולך לדודים _____ בסוף השבוע?

6. למה **את** לא שותה את הקפה _____?

7. יש **לנו** בעיה עם העובד _____ במשרד.

8. למה **אתם** לא נוסעים במכונית החדשה _____?

9. **אני** לא יודעת איפה שמתי את התיק _____.

10. **הוא** מורה מצוין, והשיעורים _____ מעניינים מאוד.

11. **היא** יושבת וחושבת רק על העבודה _____.

12. **דניאל ורחל**, הגינה נהדרת. זאת הגינה _____?

ב. סיפור מצחיק:
אתם כותבים של, שלי, שלך... במקום הנכון

אישה אחת מספרת:

יש לי שני ילדים: בן ובת. שני הילדים _____ (**של**) נשואים, אבל לבן _____ (**של**) אין מזל.
יש _____ (**ל**) אישה לא טובה. היא לא עושה שום דבר בבית, והבן _____ (**של**) עושה הכול. הוא קונה, הוא מסדר את הבית, הוא עובד קשה מאוד, אין _____ (**ל**) זמן, והוא אף פעם לא נח. חבל מאוד. אין _____ (**ל**) מזל.

גם הבת שלי נשואה, ויש _____ (**ל**) בעל מצוין. היא לא עושה שום דבר בבית. היא נחה כל היום. הבעל _____ (**של**) עובד קשה מאוד, קונה בשוק ובסופרמרקט ומסדר את הבית. איזה מזל יש _____ (**ל**).

<u>אוצר מילים</u>

א. אתם כותבים את המילים הנכונות:

1. אתה עייף? אתה רוצה __________?
2. סבתא אוהבת מאוד את הילדים של הבן שלה. אלה ה__________ שלה.
3. אין __________ בקיץ, הילדים לא לומדים. הם בחופש.
4. בשבת יש בבית ארוחה גדולה עם __________ נחמדים מחו"ל.
5. אני עושה יוגה שעה בבוקר ושעה בערב. אני עושה יוגה __________ כל יום.
6. מה שם הבַּמַאי של הסרט **סוּפֶּר ווּמֶן**? מישהו __________?
7. אני חושב שאין שיעור היום, אבל אני לא __________.
8. קראתי ספר מיוחד, מעניין ולא __________.

בטוח, אורחים, לימודים, לישון, נכדים, שעתיים, רגיל, מפורסם

ב. משפחת סִימְפְּסוֹן - אתם כותבים את המילים מהרשימה:

משפחת **סִימְפְּסוֹן** היא משפחה בטלוויזיה. המשפחה גרה בעיר קטנה בשם **סְפְּרִינְגְפִילְד.** המשפחה הזאת היא משפחה נוֹרְמָלִית עם בעיות נורמליות. הם כבר בטלוויזיה הרבה שנים, אבל הילדים תמיד קטנים.

במשפחה יש אבא **הוֹמֶר** ואימא **מָארג'** הם ה__________. יש להם שלושה __________: **בָּארט** בן 10, **ליסה** בת 8 ויש גם __________ קטנה **מֶגי.**

למארג' יש שתי __________: **סֶלמה ופָּאטי.** הן לא __________. הן ה__________ של הילדים במשפחה. ולילדים יש גם __________ זָקֵן, אבא של **הומר**. למשפחה הזאת יש גם כלב וגם חתול.

זָקֵן - old

נשואות, דודות, סבא, ילדים, הורים, ילדה, אחיות

מה אנחנו יודעים על הוֹמֶר סימפסון?

הוֹמֶר הוא ה__________ של אברהם (אֵייבּ) ומוֹנָה סימפסון. הוא ה__________ של מארג' סימפסון וה__________ של בארט, ליסה ומגי סימפסון. הומר ומארג' __________ הרבה שנים. הוא אוהב את הילדים ואת האישה שלו, אבל הוא לא תמיד נחמד למשפחה.

בן, אבא, בעל, נשואים

משפחה

א. דיאלוג קטן

- זאת המשפחה שלךְ?
- כן.
- איזה ילדים יפים. יש לךְ ארבעה ילדים?
- אה. הבן והבת הקטנים שלי, ואלה הילדים של אח שלי מקנדה.
- אה, יופי.

שאלות:

1. כמה ילדים יש לאח? _____
2. כמה ילדים יש לאישה? _____

ב. המשפחה:

אתם כותבים בנקבה:

דוגמה: אבא ≠ אימא

בעל ≠ _____	בנים ≠ _____	
סבא ≠ _____	דוד ≠ _____	
בן ≠ _____	אח ≠ _____	
ילד ≠ _____	ילד צעיר ≠ _____	
נכד ≠ _____	בן מבוגר ≠ _____	

צבעים:

מה נכון?

ים _____	גבינה _____	צהוב / צהובה
קפה _____	זיתים _____	שחור / שחורים
אבוקדו _____	יין _____	אדום / אדומה
הדגל של ישראל _____	עצים _____	ירוק / ירוקים
הדגל של קנדה _____	עגבנייה _____	אדום/ אדומה
הדגל של איטליה _____	מלפפון _____	ירוק / ירוקה
הדגל של ספרד _____	חלב ויוגורט _____	לבן / לבנים
אדום, לבן, שחור, כחול, ירוק, צהוב		

שיעור 19

בקיבוץ עֵין גֶּדִי

השלימו את המילים מהרשימה:

שלום לכולם.

אני המדריך שלכם ב_____ הבּוֹטָנִי בקיבוץ עֵין גֶּדִי,

ואני רוצה _____ לכם על הקיבוץ ועל הצמחים פה. קיבוץ עין גדי הוא קיבוץ

ב_____ ליד מצדה ועל יד ים המלח. זה קיבוץ לא _____, כי הבתים שלנו הם

באמצע גן בוטני. כל הקיבוץ זה גן בּוֹטָנִי אחד גדול. אנחנו עושים פה גן גדול ומיוחד עם הרבה

עצים, פרחים ו_____ מכול העולם. לקיבוץ שלנו באים הרבה _____ מהארץ

וגם מ_____.

יש פה גם _____ מהאוניברסיטה וגם סטודנטים שרוצים ללמוד ולעבוד בגן הבוטני.

מה אתם רוצים לשאול?

- אתה חבר קיבוץ?

- לא. אני רק _____ פה. אני עובד ולא מקבל כסף.

- מה אתה עושה בעבודה?

- כל יום אני צריך _____ מים לפרחים ולעצים, _____ את המקום וגם קצת לסדר.

כל יום אני צריך לבדוק ולראות את הצמחים המיוחדים שצריכים טֶמְפֶּרָטוּרָה _____.

אנחנו עובדים כל היום ורק בערב אנחנו _____ את העבודה, והולכים הביתה לנוח.

- במדבר אין מים, אז איך יש לכם גן כל כך גדול ויפה?

- יש לנו צמחים מיוחדים של מדבר שלא _____ הרבה מים.

- אתה אוהב את העבודה ואת האנשים?

- כן, אני אוהב לעבוד עם אנשים.

- אז יש לך הרבה _____ לאנשים, נכון?

- נכון, בדרך כלל, אני לא כועס ואני תמיד מדבר בשקט.

- יש לך קשר לחוקרים ולסטודנטים פה?

- כן, אנחנו עובדים _____. בקיץ אין לנו הרבה עבודה, אבל ב_____ אנחנו

עובדים הרבה שעות.

- איך _____ בעין גדי חם או קר?

- זה מדבר. ביום חם, אבל בלילה קצת קריר ולפעמים קר.

_____

להסביר, לנקות, צריכים, לתת, גומרים,

מזג האוויר, גבוהה, צמחים, סבלנות, חוקרים, מתנדב, גן, מִדְבָּר,

חורף, רגיל, אורחים, חו"ל, ביחד

<u>צריך</u>

א. <u>הולכים לשוק</u>

- אני הולכת לשוק עכשיו. את **צריכה** משהו?
- אני לא **צריכה** הרבה דברים. אולי לחם, חלב, ביצים וקצת ירקות ופירות...

ענו על השאלות:

1. **מה צריך חתול רחוב בישראל?**

הוא צריך מים אוכל של חתולים וגם ______________________________

2. **מה צריך כלב?**

הוא צריך טיולים שלוש פעמים ביום וגם ______________________________

3. **מה צריך סטודנט?**
הוא צריך ____

4. **מה צריך תייר?**

____

ב. <u>מירה מדברת עם חברה:</u>

הבעל שלי לא בסדר. הוא עובד כל היום, ובא הביתה בשעה תשע בערב. זה מאוחר מאוד. הוא לא רואה את הילדים, וחושב רק על העבודה שלו, ואז הוא רואה טלוויזיה או מדבר עם החברים שלו בטלפון. הוא לא חושב על המשפחה, הוא חושב רק על השקט שלו. אבל גם לי יש בעיות, גם אני עייפה מאוד בערב.

זה בסדר? מה אני צריכה לעשות?

את צריכה ____

____

ג. מה דניאל צריך?

1. דניאל לא יודע מה השעה. — הוא צריך זמן. / הוא צריך שעון.
2. דניאל לומד בספרייה. — הוא צריך שקט. / הוא צריך חברים עכשיו.
3. דניאל אוהב לעשות ספורט. — הוא צריך מכונית. / הוא צריך נעלי ספורט.
4. דניאל אוהב מוזיקה. — הוא צריך **סְמַרְטפוֹן** טוב. / הוא צריך לקרוא ספרים.
5. דניאל אוהב פירות זולים. — הוא צריך ללכת לשוק. / הוא צריך ללכת למסעדה.

6. דניאל דתי. — הוא צריך ללכת למסיבה / הוא צריך להתפלל כל יום
7. דניאל עושה אוכל סיני. — הוא צריך פיצה / הוא צריך ירקות מיוחדים
8. דניאל רוצה ללכת לים — הוא צריך נעליים חדשות / הוא צריך בגד ים וכובע

<u>קודם - אחר כך</u>

אתם כותבים מה אתם עושים קודם ומה אחר כך?

דוגמה: **קודם** אני קם, **ואחר כך** אני אוכל ארוחת בוקר. <u>או</u> **קודם** קמים, **ואחר כך** אוכלים.

ללמוד למבחן / לטייל עם הכלב ______________________

להזמין במסעדה/ לשלם את החשבון ______________________

לפגוש חברים / לשבת בספרייה ______________________

ללכת לישון / לראות סרט ______________________

ללכת לדואר / לשלוח חבילה ______________________

לנקות את הבית / לשחק טניס ______________________

לחפש עבודה / למצוא דירה ______________________

לנסוע בעולם / ללמוד באוניברסיטה ______________________

להזמין בגדים / לבדוק באינטרנט ______________________

לקנות אוכל בשוק / לאכול ארוחה גדולה ______________________

אתם כותבים מה נכון:

דוגמה: הוא **מחפש/ ~~שואל~~** עבודה. הוא **מחפש** עבודה.

הוא **שומר/ פותח** את הדלת והולך לעבודה.

הוא **יוצא/ בודק** מהבית בשעה עשר.

הוא **מנקה/ עוזר** את הדירה.

הוא **מסדר/ בודק** את מזג האוויר בבוקר.

הוא **שותה/ נותן** מים לכלב.

הוא **גומר/ עושה** לעבוד רק בערב.

הוא **מסדר/ הולך** את החדר שלו.

הוא **עוזר/ בודק** את העבודות של התלמידים.

הוא **יוצא/ מוצא** את הספר שלו.

הוא **מטייל/ מבקר** את המשפחה שלו בשבת.

הוא **רוחץ/ מתרחץ** את הכלים

שיעור 20

אתם כותבים בעבר:

1. - את **מוכרת** דברים באינטרנט? – כן, אתמול ___________ שני ספרים וטלפון ישן.
2. אין לי כוח **לקום** בבוקר. כל השבוע לא ___________ בזמן.
3. למה לא ___________ לטיול אתמול? אולי אתן רוצות **לבוא** עכשיו?
4. את רעבה, אולי את רוצה **לאכול**? למה לא _________ בבוקר?
5. הוא אף פעם לא **מוצא** את הטלפון שלו, גם אתמול הוא לא ________ אותו.
6. אין לי סבלנות **לקרוא** ספרים, אבל אתמול ___________ ספר נהדר.
7. - מתי **יצאתם** מהבית? - ___________ קצת מאוחר אולי בעשר.
8. מה __________? אני לא שמעתי מה את **שואלת.**
9. בטיול הזה אנחנו __________ הרבה, כי אנחנו אוהבות **ללכת** ברגל.
10. השֶף המפורסם __________ **ביפו** מסעדת דגים חדשה. **פותחים** שם עכשיו הרבה מסעדות חדשות.
11. אתה לא **זוכר** שום דבר. גם אתמול לא ___________ לקנות חלב.
12. אנחנו תמיד **סוגרים** את החלון בלילה, אבל אתמול לא ___________, כי היה חם.
13. בדרך כלל היא לא **שוכחת** לשלם חשבונות. אבל את החשבון הזה היא _________ לשלם.
14. אתם **שָׂמים** את הכסף שלכם בבנק? תמיד ___________ אותו שם?
15. אני אוהב **לפגוש** אנשים מפורסמים. לפני שנה ________ מישהו מהטלוויזיה.

מדיבור ישיר לדיבור עקיף

אומר (אמר) ש, חושב (חשב) ש, יודע (ידע) ש, שומע (שמע) ש

אתם כותבים כמו בדוגמה: עיתונאי: "הספר מעניין". העיתונאי **אומר ש**הספר מעניין.

ראש העיר של תל אביב: כולם אוהבים את תל אביב.

_____

הנשיא: המדינה עוזרת לסטודנטים בלי כסף.

_____

הסטודנטים: <u>אנחנו</u> לא רוצים ללמוד בספרים ישנים.

_____

החיילת: <u>אני</u> רוצה עבודה יותר מעניינת בצבא.

_____

הרופאים: <u>אנחנו</u> רוצים לעשות שביתה, כי <u>אנחנו</u> עובדים קשה מאוד.

_____

חבר כְּנֶסֶת: <u>אני</u> כועס, כי אין מספיק כסף לספורט כמו טניס.

_____

ראש הממשלה: היהודים בעולם צריכים להרגיש קשר מיוחד לישראל.

_____

התלמידים: <u>שמענו</u> על הסרט הזה, אבל עוד לא <u>הלכנו</u> לראות אותו.

_____

התלמידות: אין <u>לנו</u> כוח ללמוד עכשיו.

_____

האישה בבנק: יש <u>לי</u> עבודה מצוינת.

_____

את בנטייה

א. אתם כותבים מה נכון:

אותי, אותךָ, אותךְ, אותו, אותה, אותנו, אתכם, אתכן, אותם, אותן

אם - if

1. - אתה מכיר את <u>רחלי ותמר</u>?

   - כן, אני מכיר _____ מהאוניברסיטה.

2. - את אוהבת את <u>החברה החדשה</u> של יונתן?

   - אני לא יודעת אם אני אוהבת _____, כי אני לא מכירה _____ טוב.

3. - דויד, איזה יופי, טוב שאני פוגשת _____, אני מחפשת _____ כבר שבוע,

   כי אני רוצה להזמין _____ למסיבת יום ההולדת שלי. (<u>אתה</u>)

4. הוא חבר של שירה הרבה זמן. הוא אוהב ________ מאוד, והיא אוהבת ________.
5. אני רוצה לקנות את הספר החדש, אבל אין לי זמן לקרוא ________ עכשיו.
6. אנחנו הולכים לקונצרט של **שְׁלֹמֹה אַרְצִי** בפארק, אנחנו רוצים לשמוע ________ וגם לראות ________.
7. - יעל ורון, אני רוצה לשאול ________ משהו על השיעור האחרון.
   - כן, מה את רוצה לשאול ________?
8. אני פגשתי את אורי וטל בבית של חברים. אני זוכרת ________, אבל אולי הם לא זוכרים________.
9. - למה אף אחד לא מבין ________? (אני)

ב. אתם כותבים מה נכון:

אותי, אותךָ, אותךְ, אותו, אותה, אותנו, אתכם, אתכן, אותם, אותן

1. - דן, למה אתה לא בבית? למה אני לא פוגשת ________ (אתה) בבית?
   - יעל, את מכירה ______ (אני), אני אוהב _______ (את), אבל אני גם עובד וגם לומד...
2. - אתה מאמריקה? איזה יופי, אז אולי אתה מכיר את הדודים שלי מניו יורק?
   - לא. אני לא מכיר________. אמריקה גדולה, ואני לא מכיר את כל האנשים שם.
3. - הספר הזה כל כך יפה. קראתי ________ (הוא) כל הלילה. בספר הזה הוא אהב ________ (היא), אבל היא לא אהבה ________ (הוא).
   - ומה אחר כך?
   - אחר כך היא נוסעת לישראל, והוא מחפש ________ (היא) בתל אביב, ואז ההורים שלו גם באים, ואז הם מחפשים גם ________וגם ________ (הוא, היא).
   - אה. אני מבינה. ההורים שלו מחפשים ________ (הם) בתל אביב. איזה יופי.
   - כן, איזה ספר יפה.
4. - בעולם מודרני, כולם מחפשים את כולם: בבָּר, בחוף הים, באינטרנט בכל מקום.
   - כן, נכון, אבל היום אולי יותר קל לפגוש ולהכיר אנשים, כי אנחנו פוגשים ________ (הם) בכל מקום.
5. - סליחה, אני מכיר ________ (את), את לא מהמסיבה בבית של ליאור? אני פגשתי ________ (את) שם. את רוצה לשתות קפה עכשיו?
   - כן? אבל אני לא מכירה ________ (אתה), ואני גם לא חושבת שפגשתי ________ (אתה) במסיבה, ובאמת אין לי זמן לשתות קפה עכשיו.

ג. אתם כותבים: לי, לך, לך..., שלי, שלך, שלך.., אותי, אותך, אותך...

1. - זה המחשב של אורי? – כן, זה המחשב החדש ________.
2. יונתן אוהב את הבנות הקטנות שלו. הוא אוהב ________ מאוד.
3. - אתה מבין את הספר הזה?
   - לא, אני לא כל כך מבין ________.
4. זאת הדירה של ההורים שלי, וזאת המכונית החדשה________.
5. - אתה רואה את העצים היפים ליד הים? - כן, אני רואה ________, הם יפים מאוד.
6. אתם מבינים אותנו, אבל אנחנו לא מבינים ________.
7. הוא לומד הרבה שעות, ואין ________ זמן בערב.
8. אלה הילדים הגדולים של מירה ואילן, ואלה הילדים הקטנים ________.
9. - איפה פגשת את הדודה שלו? - אני באמת לא זוכר, איפה פגשתי________.
10. היא נחמדה מאוד, ויש ________ הרבה חברים.

טבעת

מה לא מתאים?

דוגמה: כביש, דרך, ~~דואר~~

צלחת, בשר, מרק	________	שרשרת, טבעת, נעל	________
חייל, בן, סבא	________	אריה, כלב, גן חיות	________
מסורת, מנהג, גיל	________	כאן, פה, שם	________
קונה, כוח, מוכר	________	כלי, חולצה, כובע	________
ארץ, פרסומת, מדינה	________	מתנדב, במאי, מורה	________
ירוק, כחול, שמיים	________	כועס, עובד, פוחד	________
צמח, אדמה, פרח	________	אביב, עונה, סתיו	________
רופא, חוקר, משוגע	________	מנקה, מסדר, מרגיש	________
צרות, חלומות, בעיות	________	אורח, מלון, תייר	________
שעון, שעה, רגע	________	עוזר, שמח, צוחק	________

קלוז: פרסומות

בטלוויזיה יש הרבה פרסומות: ל_____ חדשות, לבתים,

לרהיטים, לאוכל כמו: _____ או שוקולד, וגם לטיולים במקומות מעניינים

ורחוקים. אנחנו לא תמיד יודעים מה אנחנו רוצים. אבל הפרסומות "יודעות" ואומרות לנו מה

צריך לקנות, ואיך צריך לחיות.

אנחנו קונים הרבה דברים שאנחנו לא תמיד צריכים. או זורקים דברים רק כי הם לא מודרניים.

כל שנה אנחנו קונים _____ חדשים, כי הצבע הישן לא

מודרני או כי אנחנו רוצים משהו אחר, וגם כי אנחנו רוצים בגדים מהעונה החדשה.

ברדיו, ב-_____ באינטרנט ובכל מקום, אומרים לנו: "מודרני זה טוב,

חדש זה מעניין, וישן זה משעמם". אז אין מה לעשות אנחנו קונים. גם _____

קטנים רואים פרסומות ורוצים דברים חדשים. לפעמים הם לא יודעים לקרוא, אבל הם מבינים

את הציור בפרסומת או מכירים את המוזיקה של הפרסומת. בחנויות

ה_____, אנשים לא רוצים לקרוא ספרים קלאסיים ארוכים, הם

רוצים ספרים פופולריים וחדשים שכולם קוראים עכשיו. אבל יש היום גם הרבה חנויות של

_____ שנייה, שם אנשים קונים דברים ישנים אבל טובים. הם אומרים: אנחנו

קונים דברים ישנים, כי הם טובים ומעניינים, כי יש להם עבר ויש להם היסטוריה, אנחנו חושבים

שצריך לשמור על ה_____ הישן. אנחנו לא רוצים דברים רגילים שיש

לכולם. אנחנו רוצים להיות מיוחדים – ישן זה מיוחד, הם אומרים..

מה אתם חושבים?

| זורק, לזרוק – to throw |

_____.

שיעור 21

השלימו את המילים מהרשימה:

1. - אתה יודע איך הולכים לים? - ברחוב הזה אתה _____ ימינה.

2. - את רוצה לשתות משהו? - לא תודה. אני לא רוצה _____ .

3. אני לא יודעת מתי האורחים _____ בשעה שבע או בשמונה.

4. איפה עובר קו (אוטובוס) חמש? ואיפה ה _____ החדשה של האוטובוס.

5. הוא נוסע באוטובוס לתחנה ה _____ .

6. אני מבקשת _____ את הדלת.

7. _____ ! לא לרוץ! אתם יכולים ליפול שם.

8. כבר מאוחר, הוא עייף, אבל הוא לא מצליח _____ .

9. ברדיו ובטלוויזיה יש הרבה _____ לבנקים ולמסעדות.

10. הם עושים _____ ומפסיקים לעבוד, כי הם רוצים עוד כסף.

11. הוא מדבר הרבה עם ההורים בטלפון, כי יש לו _____ מצוין עם המשפחה.

12. הוא איש חכם מאוד. תמיד יש לו _____ מעניינים ומיוחדים.

13. **סין** היא _____ גדולה וחשובה מאוד.

14. _____ האוטובוס מכיר את הדרך ויודע איפה הקניון ואיפה צריך לרדת.

15. באנגליה יש מלכה וראש ממשלה, ובארצות הברית יש רק _____ .

16. משפחת **כהן**? לא? סליחה, זאת _____ .

כלום, טעות, רעיונות, תחנה, שביתה, מרכזית, פרסומות, קשר, מדינה, נהג, זהירות, נשיא, מגיעים, פונה, לישון, לסגור

יכול + שם פועל

אתם כותבים כמו בדוגמה:

דוגמה: סליחה, מה אתם שותים? ---- תגידי, אני יכול לשתות משהו?	
סליחה, איך **מגיעים** לים?	תגיד, אני יכול ________ מִפה לים?
סליחה, איפה **פונים**? פה או שם?	תגידי, אני יכול ________ ברחוב הזה?
סליחה, **יושבים** כאן?	תגיד, אנחנו יכולות ________ כאן?
סליחה, עכשיו **יורדים** מהאוטובוס?	תגיד, אני יכול ________ עכשיו?
סליחה, **לוקחים** כסף לטיול?	תגיד, אנחנו יכולים ________ כסף לטיול?
סליחה, מתי **נוסעים** הביתה?	תגידי, אני יכולה ________ עכשיו הביתה?
סליחה, אתם **הולכים** לסרט בערב?	תגידו, אתם יכולים ________ לסרט בערב?
סליחה, איפה **עוברים** את הכביש?	תגיד, היא יכולה ________ פה את הכביש?
סליחה, איפה אתם **פוגשים** אותם?	תגידו, אתם יכולים ________ אותם בקפה?
סליחה, אתם **באים** למסיבה?	תגידו, אתם יכולים ________ למסיבה?

איך מגיעים

נועה ו.

אתם בודקים באינטרנט ומסבירים איך מגיעים ל...

1. ישראל: מדִיזֶנְגוֹף סֶנְטֶר בתל אביב לים המלח. באוטובוס / ברכבת.

____

____

2. איטליה: ממגדל פִּיזָה לקוֹלוֹסֵיאוּם ברוֹמָא. באוטובוס / ברכבת.

____

____

3. ארצות הברית: מהבית הלבן בוֹוֹשִׁינְגְטוֹן לפַּעֲמוֹן הַחֵירוּת בפִילָדֶלְפִיָה. באוטובוס / ברכבת או במכונית.

____

____

פַּעֲמוֹן הַחֵירוּת– liberty bell

שיעור 22

בגדים, בגדים

אתם שואלים בכיתה:

1. מה אתה לובש עכשיו? מה את לובשת עכשיו?

2. איזה בגד טוב ומתאים לקיץ? שמלה, חצאית, מכנסיים, חולצה, סוודר, מעיל, כובע, בגד ים

3. מה טוב ומתאים לחורף? מעיל, סוודר, בגד ים, סנדלים, מכנסיים קצרים, מכנסיים ארוכים

4. מה לובשים לקונצרט או לחתונה?

5. איפה קונים בגדים בחנות או באינטרנט? קונים בגדים כל הזמן או רק בסוף העונה?

6. אני <u>אוהב/ אוהבת</u> בגד: פשוט, מודרני, אלגנטי, נוח, מתאים למקום, מיוחד, יקר...

7. הצבע שלי: אדום, כחול, חאקי, לבן, שחור או...

8. מי קונה יותר בגדים: צעירים או מבוגרים, נשים או גברים, בחורים או בחורות?

9. איפה יש חנויות בגדים טובות ולא יקרות **בלונדון/ בניו יורק/ בפאריס** או...?

היה – הייתה – היו

א. אתם כותבים: היה, הייתה, היו
דוגמה: **היום** הוא תלמיד טוב. **פעם** הוא <u>היה</u> תלמיד רע.

עכשיו הוא בריא. אבל פעם הוא _____

הילדה עצובה עכשיו. פעם היא _____

המלון הזה ישן. פעם המלון _____

האנשים האלה משעממים. פעם האנשים _____
האלה

עכשיו החדר הזה חם. פעם החדר _____

השיער שלה קצר. אבל פעם השיער שלה _____

העוגה הזאת קצת ישנה. אבל פעם היא _____

היום ההורים שלו מבוגרים. פעם הם _____

עכשיו המכונית שלהם יקרה. פעם המכונית _____
שלהם

זולה, חולה, מעניינים, חדש, ארוך, צעירים, שמחה, קר, טרייה

ב. **אתם כותבים: היה, הייתה, היו**

איך היה הסרט?

הסרט _____ נהדר, המוזיקה _____ מצוינת, הסיפור _____ מעניין מאוד, וכל

האנשים בסרט _____ טובים ונחמדים. אהבתי את הסרט הזה.

לא נכון: הסרט _____ רע, המוזיקה _____ משעממת, הסיפור לא

_____ חשוב, וכל האנשים בסרט _____ משעממים ולא אינטליגנטים. לא אהבתי

את הסרט הזה. (על פי "מה נשמע")

ג. **אתם כותבים: היה, הייתה, היו**

1. **איך המסעדה החדשה? המסעדה הייתה טובה?**

המסעדה יקרה _____

האוכל רגיל ולא טעים _____

המים לא קרים _____

המלצרים לא נחמדים _____

הכיסאות לא נוחים _____

הכול רע! _____

2. **מה פתאום!**

המסעדה מודרנית _____

האוכל נהדר _____

הלחם טרי וטוב _____

המקום שקט ונעים _____

השירות מצוין _____

זה קצת יקר, אבל מיוחד _____

הכול טוב! _____

| שירות - service |

<u>היום ופעם</u>

ד. אתם כותבים מה היה פעם:

מישהו ≠ אף אחד
תמיד ≠ אף פעם
משהו ≠ שום דבר, כלום

פעם המדינה ________ צעירה והחיים ________ פשוטים. המשפחות ________ גדולות והדירות ________ קטנות. היום הדירות גדולות והמשפחות יותר קטנות.

פעם המטבח ________ קטן מאוד, אבל הוא ________ מקום נעים ונחמד, היום הרבה אנשים אוכלים במסעדה.

היה רק טלפון אחד בבית, זה ________ הטלפון של כל המשפחה. היום לכול אחד יש טלפון סלולָרי.

פעם כולם ________ חברים של כולם. גם היום יש הרבה חברים, אבל הרבה חברים הם רק באינטרנט.

אני לא יודע: פעם החיים ________ יותר קלים?

מה אתם חושבים?

____

____

<u>אף אחד.... לא</u>

אתם כותבים כמו בדוגמה: פעם <u>כולם</u> <u>עבדו</u> בחקלאות. היום <u>אף אחד</u> <u>לא</u> <u>עובד</u> בחקלאות.

פעם כולם לקחו ספרים בספרייה. היום ______________________

פעם לבשו בגדים מיוחדים לעבודה. היום ______________________

פעם כולם הלכו עם כובע ברחוב. היום ______________________

פעם כולם הלכו ברגל. היום ______________________

פעם כולם נחו בצהריים. היום ______________________

פעם כולם אכלו רק בבית. היום ______________________

פעם כולם זכרו מספרי טלפון. היום ______________________

פעם כולם פגשו את האנשים בשכונה. היום ______________________

פעם כולם כתבו ושלחו מכתבים ארוכים. היום ______________________

אף אחד, אף פעם, שום דבר (כלום)

אתם כותבים: אף פעם, אף אחד או שום דבר

1. - דויד, למה אתה _____ לא עוזר לי?

- מה פתאום, אני תמיד עוזר לך בבית: אני רוחץ כלים ומשחק עם הילדים.

- סליחה, זה לא בסדר, אני תמיד חושבת על הבית ואתה כל היום בעבודה.

- מה פתאום, אני _____ לא שוכח לקנות פירות וירקות בשוק.

- בסדר. נכון, אבל אנחנו _____ לא עושים משהו מעניין בסוף השבוע.

- נו באמת, בסוף השבוע את עייפה מאוד, ולא רוצה לעשות _____ .

- טוב, אולי באמת אני עייפה, כי אני כל הזמן עם הילדים וזה קשה.
  כל פעם אנחנו מדברים ומדברים ובסוף לא עושים _____ .

- טוב, אז את יושבת עכשיו ולא עושה _____ . ילדים, מישהו בבית רוצה פיצה?

_____ לא רוצה פיצה? טוב, אז אולי בפעם אחרת.

2. - אני _____ לא מוצא את הדברים שלי. _____ לא במקום.
  מישהו יכול לעזור לי לחפש את התיק שלי?

- סליחה, _____ לא יכול לעזור לך, אתה צריך לחפש בחדר שלך, אולי זה שם.

3. - מישהו הולך לשוק? למה _____ לא הולך לשוק? אין בבית _____ .

4. עובדים יקרים, אנחנו רוצים עבודה טובה, אנחנו רוצים עוד כסף. _____ לא יודע באמת מה קורה פה.
  אז היום יש פה שביתה: _____ לא עובד, _____ לא עושה _____ . אנחנו עובדים קשה, ו_____ אין לנו כסף. אנחנו רוצים לדבר עם ראש העיר או עם ראש הממשלה.

5. - שלום דוקטור **כַּדּוּרִי**, אני מאוד עייף כל הזמן.

- רגע, אני רוצה לבדוק אותך. אני לא רואה _____ מיוחד.

- אז זה טוב או רע? אני _____ לא יודע, מה אני צריך לעשות.

- אתה בסדר, אין לך _____ , אולי אתה צריך לעשות ספורט, ללכת לישון בזמן ולא לעבוד כל כך קשה.

- תודה רבה, זה רעיון מצוין.

<u>תפזורת: מילים מהעיתון (עד שיעור 22)</u>

ה	פ	נ	מ	ד	י	נ	ה	ב	ש	ל	ר
ש	ג	ת	מ	ת	נ	ש	ב	י	ת	ה	ק
פ	י	נ	ש	י	א	ו	י	א	ט	ר	ו
ו	ש	כ	ל	ע	ת	ל	ש	כ	ו	ח	ח
ח	ה	ק	ה	ק	מ	ד	ע	ג	ס	מ	ל
ל	צ	ח	י	ה	ו	ח	י	י	ל	פ	ש
ק	ב	ו	צ	ה	ס	ר	א	ש	ע	י	ר
ש	א	ד	ב	ת	ר	ע	ק	י	ו	ל	פ
ש	ט	ר	ק	ת	פ	י	ש	ר	א	ל	י
פ	ת	ר	ו	נ	ל	ו	ר	ל	י	ר	ל
ת	ו	כ	נ	י	ת	נ	ג	ל	מ	ש	ח
ת	ח	נ	ה	מ	ר	כ	ז	י	ת	נ	ת

~~שביתה~~, ממשלה, נשיא, פגישה, חייל, צבא, מדינה, קבוצה, כוח, סמל, פתרון, חופשה,

תחנה מרכזית, פרסומת, ראש עיר, תוכנית, קשר, חוקר, חשמל, רעיון

<u>לכן</u>

אתם כותבים כמו בדוגמה: <u>לא קראתי את הספר הזה **כי** אין לי זמן.</u>

<u>אין לי זמן, **לכן** לא קראתי את הספר הזה.</u>

1. אני לא קונה בגדים חדשים, **כי** אין לי כסף.

   אין לי כסף, ______________________________.

2. נסעתי לאילת **כי** עכשיו יש חופש.

   יש חופש, ______________________________.

3. הוא לבש חולצה קצרה, **כי** עכשיו קיץ.

   עכשיו קיץ, ______________________________.

4. הם גרים במעונות, **כי** החיים שם זולים ופשוטים.

   החיים במעונות זולים ופשוטים, ______________________________.

<u>אתם כותבים מה לא נכון:</u>

1. <u>אנחנו רוצים לגור בטבע,</u>	5. <u>היא רוצה לראות את הארץ,</u>
א. ולכן אנחנו גרים במרכז העיר ב. לכן אנחנו קונים בית בכפר ג. לכן אנחנו גרים בקיבוץ קרוב לעיר	א. לכן היא הולכת לישון מאוחר ב. לכן היא הולכת לטיולים ברגל ג. לכן היא קונה מכונית קטנה
2. <u>הילדים רוצים לדעת הרבה,</u>	6. <u>אנחנו רוצים עבודה חדשה,</u>
א. ולכן הם שואלים שאלות ב. לכן הם מחפשים תשובות באינטרנט ג. לכן הם לא מדברים ולא חושבים	א. לכן אנחנו שואלים חברים ב. לכן אנחנו עוברים את הכביש ג. לכן אנחנו מחפשים מודעות באינטרנט
3. <u>זה מקום עתיק והיסטורי,</u>	7. <u>הם רוצים לעשות מסיבה יפה,</u>
א. לכן הרבה תיירים באים לשם ב. לכן כתבו הרבה ספרים על המקום הזה ג. ולכן אנשים לא אוהבים היסטוריה	א. לכן יש להם זמן לשבת בספרייה ב. לכן הם קונים פירות טריים ג. לכן הם מזמינים הרבה חברים
4. <u>הם אוהבים לקנות דברים חדשים,</u>	8. <u>הדירה שלנו יקרה ולא טובה,</u>
א. לכן הם צריכים כסף ב. לכן הם כותבים פרסומות ג. ולכן הם הולכים לקניון כל הזמן	א. לכן אנחנו עוברים דירה ב. לכן המצב שלנו קשה ג. לכן אין לנו זמן לחפש דירות

תרגיל חזרה אוצר מילים עד שיעור 22

א. אתם כותבים את המילה הנכונה:

1. _____ **בונה/ בונים/ לבנות** פה בית חולים גדול.

2. לא כולם _____ **קמתי/ קמו/ קמנו** בזמן.

3. הוא היה עייף, _____ **כי/ לכן/ לפני** הוא הלך לישון.

4. בקיץ היא לובשת מכנסיים _____ **קצר/ ארוך/ קצרים.**

5. אני מצטער, אני לא יכול _____ **בא/ באים/ לבוא** בערב.

6. לילד הזה יש עיניים _____ **כחול/ כחולים/ כחולות.**

7. הוא אוכל רק ירקות _____ **טרי/ טריים/ טריות.**

8. שמעתי _____ **ש/ מה/ מי** נסעתם לחו"ל. זה נכון?

9. אף אחד _____ **לא/ אין/ Ø** ישב בספרייה היום.

10. הם עובדים קשה, כי הם _____ **צריך/ לכן/ צריכים** כסף.

11. סליחה, איך _____ **מגיע/ מגיעים/ ללכת** מכאן לים?

12. לפעמים אני שוכח הכול _____ **לפני/ אחר כך/ אז** הבחינה.

13. עכשיו היא כבר עובדת. לפני שנה היא _____ **להיות/ היה/ הייתה** סטודנטית.

14. אני רוצה לדעת מה מזג האוויר _____ **לפני/ אחר כך/ מתי** הטיול.

15. אתה יכול _____ **אומר/ להגיד/ אמרת** לי מה השעה?

16. אתה עובר את הכביש ו_____ **פונים/ פונה/ לעבור** ימינה.

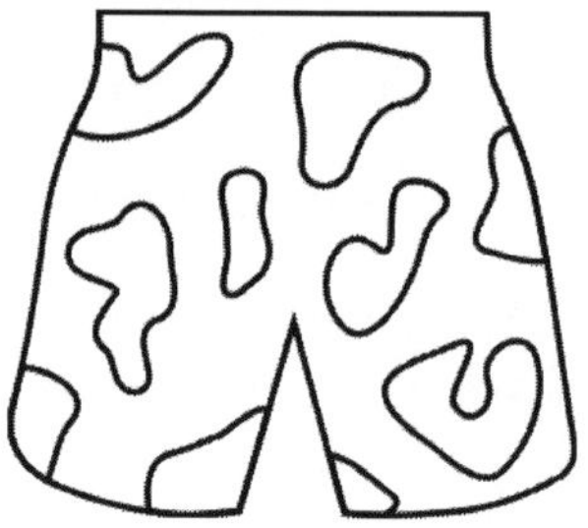

ב. אוצר מילים:

אתם כותבים את המילה הנכונה:

1. יש לו אישה ושני ילדים, הוא _____ **רווק/ נשוי/ חתן** כבר חמש שנים.

2. לבעיה הזאת אין _____ **רעיון/ פתרון/ דברים** קל.

3. - זה הבית של יעל? - לא, זאת _____ . **רעיון/ טעות/ מדע**

4. ג'ינס זה בגד פשוט ו_____ **קצר/ נוח/ טרי** לטיול.

5. הוא עייף מאוד, כי הוא לא מצליח _____ **לישון/ לעבוד/ לרקוד** בלילה.

6. הם כועסים, לכן הם עושים _____ **שביתה/ עבודה/ חופשה** ולא עובדים.

7. קר פה, את יכולה _____ **לפתוח/ לסגור/ לשכוח** את החלון?

8. היא תמיד שמחה ו_____ **ארוכה/ מאושרת/ משוגע** בחופש.

9. הם _____ **מכירים/ יודעים/ חושבים** הרבה אנשים בישראל.

10. אני צריך כמה _____ **תפוח אדמה/ דברים/ סלט** מהחנות.

חלון

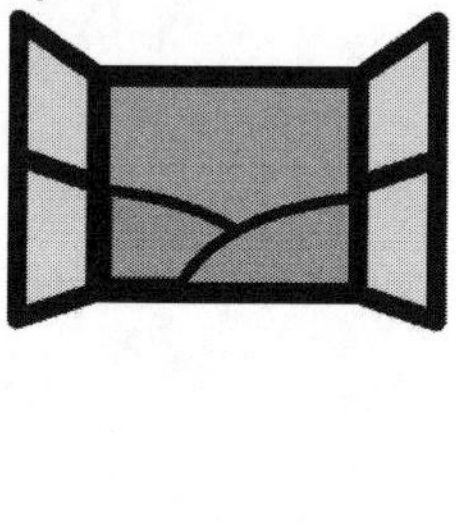

שיעור 23

פעלי ל"י

א. עבודה בזוגות: מהווה לעבר

אתם מדברים כמו בדוגמה: אני שותה בירה.---- (אני) שתיתי בירה.	
הוא **רואה** אותנו כל יום.	הוא **ראה** אותנו כל יום.
מה **עשית** בעבודה?	מה אתה **עושה** בעבודה?
הוא **חלה** כי הוא לא **שתה** מספיק מים.	הוא **חולה** כי הוא לא **שותה** מספיק מים.
אנחנו לא **קונים** בגדים בשוק הישן.	לא **קנינו** בגדים בשוק הישן.
למה לא **פניתם** לראש העיר?	למה אתם לא **פונים** לראש העיר?
היא **רוצה** לגור בשכונה החדשה.	היא **רצתה** לגור בשכונה החדשה.
הם **קנו** אדמה **ובנו** שם בית חדש.	הם **קונים** אדמה **ובונים** שם בית חדש.
אני לא **רוצה** ללכת לעבודה היום.	לא **רציתי** ללכת לעבודה היום.
למה לא **עניתן** לאי מייל?	למה אתן לא **עונות** לאי מייל?
את **עושה** משהו מיוחד היום?	**עשית** משהו מיוחד היום?
היא לא **שתתה** בירה לפני הסרט.	היא לא **שותה** בירה לפני הסרט.
הן **רוצות** תנאים טובים בעבודה.	הן **רצו** תנאים טובים בעבודה.

ב. ילד קטן מספר: "מה עשיתי בחופש"

אני ________ (**להיות**) בחופש בבית של הדודים שלי. הדודים שלי ________ (**לקנות**) לי ולאחות שלי מתנה בקניון. אחות שלי ________ (**לרצות**) גם גלידה, אז הם ________ (**לקנות**) לנו גלידת שוקולד. בערב אנחנו הלכנו לסרט, ו________ (**לראות**) סרט לילדים. אני לא יודע את שם הסרט, אבל זה ________ (**להיות**) סרט מצחיק מאוד. אחרי הסרט אנחנו ________ (**להיות**) עייפים ו________ (**לרצות**) ללכת הביתה.

אנחנו ________ (**לעשות**) הרבה דברים מעניינים בחופש, אבל אני לא זוכר הכול.

ג. השלימו את הפעלים:

1. הוא **שתה** קפה, והיא _________ תה.
2. אנחנו **קנינו** בגדים, והם _________ שטיח חדש.
3. הוא **היה** חולה, אבל היא _________ בריאה.
4. אנחנו **ראינו** סרט בטלוויזיה, ואתם _________ סרט בסינמטק.
5. אתה לא צריך **לעשות** את התרגילים האלה, כי _________ אותם אתמול.
6. מה היא **עשתה** אתמול בערב, ומה את _________?
7. לא **רציתי** לצאת מהבית, וגם היא לא _________.
8. לא **שתית** כל היום, גם אני לא _________ שום דבר.
9. - איפה **היית** אתמול? - אני _________ בבית.
10. למה היא לא **ענתה** לטלפון? ולמה אתה לא _________?
11. הוא **פנה** שמאלה, ואחר כך הוא _________ ימינה, אבל הוא לא מצא את הבית.
12. היא **בנתה** בית נהדר על יד הים, גם ההורים שלה _________ שם בית.
13. אף אחד לא _________ על השאלה, וגם אנחנו לא **ענינו**, כי לא ידענו מה לענות.
14. כולם **רצו** לקנות את הטלפון החדש, רק רינה לא _________ לקנות אותו.
15. המיליונר **קנה** אדמה **ו**ב**נה** את השכונה. גם אנשים אחרים_________ אדמה ו_________ שכונה חדשה.

__מילים__

השלימו את המילים מהרשימה:

1. בירושלים העתיקה יש בחומה שבעה _________.
2. הרבה שנים היהודים _________ על ירושלים, ורצו לגור שם.
3. אנשים דתיים _________ על השבת, ולא עובדים בשבת.
4. לאיש _________ יש הרבה כסף.
5. היהודים, הנוצרים והמוסלמים חושבים שירושלים היא עיר _________.
6. מי ש_________ צריך ללכת לרופא.
7. החדר הזה לא _________, אני לא רוצה לישון פה.
8. - ירושלים _________ מתל אביב? - ברגל כן. במכונית לא.
9. היא רוצה לקנות בקניון כמה בגדים: מכנסיים, חולצה ואולי _________חדשה.
10. יש לי הרבה תיקים, אתה יכול _________ לי?
11. בירושלים בונים בתים מ_________ מיוחדת.
12. - איך הקורס? - ב_________ היה קשה, אבל עכשיו יותר קל.

שמלה, קדושה, רחוקה, חולה, נקי, עשיר, אבן, שערים, חלמו, לעזור, שומרים, התחלה

שיעור 24

א. מכתב מדניאלה

1. אתם קוראים את המכתב.

דויד היקר,

השבוע יש בירושלים פסטיבל סרטים. בפסטיבל יש סרטים מכל העולם, ויש גם פרסומות נחמדות בעברית בכל מקום: ליד הסינמטק וגם בהרבה מקומות בעיר. בערב יש מוזיקה מצוינת בפארק ליד הסינמטק. יש פה גם אורחים חשובים מכול העולם, שבאים לפגוש אנשים ולדבר על העבודה שלהם. במסעדות יש אוכל טעים ולא יקר. אני אוהבת את זה, כי יש פה הרבה תיירים, ויש המון רעש.

איזה כיף פה!

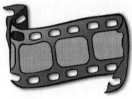

להתראות,

דניאלה

2. **אתם כותבים בעבר: היה/ הייתה/ היו**

השבוע היה בירושלים פסטיבל סרטים נהדר. בפסטיבל...

____

____

____

____

____

ב. כתבו בעבר: היה – הייתה - היו

דוגמה: יש לו דירה גדולה – **הייתה** לו **דירה** גדולה

1. יש לי שכנה נחמדה בבניין. ____________________
2. איזה כלב יש לכן? ____________________
3. יש לך זמן בערב? ____________________
4. יש לנו הרבה מזל. ____________________
5. יש לו הרבה עבודה השבוע. ____________________
6. אין לי סבלנות. ____________________
7. יש לה הרבה חלומות. ____________________
8. יש לכן פגישה חשובה בערב. ____________________
9. יש לו הרבה רעיונות והרבה תוכניות. ____________________
10. יש לך שיעורי בית? ____________________

11. אין להם הרבה חברים. _____

12. אין לי שום דבר בבית. _____

13. אין להן משפחה בארץ. _____

14. יש לי הרבה אורחים בערב. _____

15. יש להן קשר טוב עם ההורים. _____

16. יש לה מים חמים בדירה. _____

17. יש לה תנאים טובים בעבודה. _____

ג. סיפור: האיש ודג הזהב

לאיש אחד אין עבודה ואין בית יפה ויש לו גם אישה חולה. הוא הולך לים ורואה שם דג.

הדג אומר לאיש: "אני רוצה לתת לך הכול". האיש אומר: "אני רוצה דירה יפה ואישה בריאה". הדג אומר: "בסדר", והוא נותן לו בית יפה, וגם יש לו אישה בריאה.

אבל האיש לא שמח, הוא רוצה עוד מתנות. הוא אומר: "אני רוצה ארמון גדול והרבה כסף ועוד הרבה דברים". עכשיו הדג כועס מאוד.

האיש חוזר הביתה, ואין לו בית גדול ואין לו ארמון ואין לו הרבה כסף. חבל מאוד.

אתם כותבים בעבר: לאיש אחד לא הייתה עבודה ולא _____

_____

_____

_____

_____

הכול כואב לי

כואב לי הראש – יש לי כאב ראש

כואבת לי הבטן – יש לי כאב בטן

כואבות לי האוזניים – יש לי כאב אוזניים

א. אתם כותבים כמו בדוגמה:

- מה כואב לך?

- עכשיו <u>כואב לי</u> הראש

הידיים _____

הגב _____

הבטן _____

כל הגוף _____

ב.

- ואתמול?

- אתמול לא כאב לי הראש

לא _____ הידיים,

לא _____ הגב,

לא _____ הבטן,

לא _____ שום דבר.

אתמול הייתי בריא ועכשיו אני חולה.

ג. רופא וחולה:

| נגד- against |
| אם -if |

- אתה _____ טוב?

- לא, יש לי _____ גבוה.

- אולי אתה צריך _____ משהו נגד חום.

- כן, תודה. אני גם עייף מאוד, כל הגוף _____ לי. אני צריך _____ במיטה?

- אתה יכול לנוח כמה ימים ולשכב במיטה, אם אתה רוצה. תהיה _____ .

- תודה.

_____

בריא, מרגיש, חום, לקחת, לשכב, כואב

השלימו את המילים מהרשימה:

1. איפה אתה גר? מה ה_____ שלך?

2. אני נוסע לחו"ל, ואני צריך _____ גדולה לכל הבגדים שלי.

3. איזה יום היום? אולי אתה יודע מה ה_____ היום?

4. אני צריך _____ סטודנט חדשה, כי אני לא מוצא את התעודה שלי.

5. הטלפון של ה_____ הוא 100, והאיש שעובד שם הוא _____ .

6. האוטובוס לירושלים יוצא מה_____ המרכזית.

7. היא רוצה להיות רופאה, לכן היא לומדת _____ .

_____

רפואה, תאריך, כתובת, מזוודה, תעודת, משטרה, תחנה, שוטר

היהודים באיטליה

השלימו את המילים החסרות:

עוד בזמן של הרומאים הייתה באיטליה ـــــــــــــــ יהודית עתיקה, זאת הייתה אחת הקהילות העתיקות באירופה. ב ـــــــــــــــ ה-16 עד ה-18 בנו היהודים באיטליה ـــــــــــــــ יהודיים חשובים בערים כמו: **רומא, פִירֶנְצֶה, מִילָאנוֹ וטוֹרִינוֹ**. הקהילה ברומא, למשל, היא בת יותר מ- 2,000 שנה והיא אחת הקהילות העתיקות ביותר באיטליה.

ליהודים באיטליה לא נתנו אוטונומיה וה ـــــــــــــــ שלהם היה רע, הם גרו בשכונה מיוחדת של יהודים, והשם של השכונה היהודית היה **גֶטוֹ**. מהזמן שנַפּוֹלְיאוֹן ـــــــــــــــ את איטליה המצב של היהודים היה טוב עד ה ـــــــــــــــ של **מוּסוֹלִינִי** והחוקים החדשים נגד היהודים.

אחרי המלחמה ב-1945 חלק (קצת) מהיהודים ـــــــــــــــ את איטליה, ועכשיו יש שם קהילה יהודית לא גדולה. היום ברומא יש 15,000 יהודים עם עשרה ـــــــــــــــ, והיהודים מתפללים שם בשבתות ובחגים.

בתי כנסת, כבש, מצב, עזבו, קהילה, מאות, מרכזים, תקופה

חוק – law

<u>יופי, זה כמעט הסוף...</u>

מה נכון?

1. היא מרגישה **מצוין/ מצוינת**, וגם אנחנו מרגישים **מצוין/ מצוינת/ מצוינים**.
2. הבית לא נקי, אתה צריך **מנקה/ רוחץ/ לנקות** אותו.
3. בבוקר צריך **להתרגש/ להתלבש/ ללבוש** מהר.
4. הוא אוהב שירי ילדים **שמחים/ טעימים/ נוחים**.
5. אני אף פעם **Ø/ לא/ אין** הייתי במדבר סיני.
6. אורי הוא ילד קטן. הוא רק **חמש/ בן חמש/ שנה חמש**.
7. - אתה מחפש **משהו/ מישהו/ שום דבר**? - כן. אני מחפש את אילן.
8. היא לא **עשית/ עשה/ עשתה** כלום אתמול.
9. **כואב/ כואבת/ כואבות** לי הבטן.
10. היא **רופאה/ רופאת/ רופא** ילדים נהדרת.
11. אני רוצה **להתחיל/ להזמין/ להמשיך** את גלית לארוחת ערב.
12. אתם גרים ליד הקניון? גם אנחנו גרים **קרוב/ רחוק/ פשוט** לשם.
13. ההורים שלה באים מחו"ל. היא **מתרגשת/ מרגישה/ להתרגש** מאוד.
14. אני אוכל רק פירות וירקות **טרי/ טריים/ טריות**.
15. הוא צריך ללמוד לבחינה, **כי/ לכן/ קצת** הוא יושב בספרייה.
16. אלה ההורים שלי ושל אח שלי. אלה ההורים **שלך/ שלהם/ שלנו**.
17. יובל אתה רק בן 20, אתה **צעירה/ צעיר/ נורא** מאוד.
18. לא **היה/ הייתה/ היו** לו סבלנות בבוקר.
19. אני מחפש את **רחוב/ הרחוב** וייצמן, ואת **מוזיאון/ המוזיאון** תל אביב.
20. איפה שמת את נעלי **בית/ הבית/ בתים**?
21. אני חושב כל הזמן **את/ עם/ על** החברים שלי.
22. זה האח שלי, וזאת החברה החדשה **שלך/ של/ שלו**.
23. אורי מכיר את גילי, אבל היא לא מכירה **אותה/ אותם/ אותו**.
24. אכלנו ארוחת ערב **לפני/ מאוחר/ אחרי הצהריים** הסרט.
25. דני ודויד, יש **לך/ לכם/ להם** ספר מעניין?
26. **היה/ הייתה/ היו** לי בעיה, לכן לא באתי.
27. כבר שמונה וחצי? זה **מחר/ מאוחר/ מהר**, השיעור מתחיל עכשיו.
28. התרגילים האלה כל כך **משעמם/ משעממים/ קשות**.
29. אני לא **מסביר/ מצליח/ מרגיש** לקום בבוקר.
30. יש לכם גלידת פירות **טעים/ טעימה/ טעימות**?
31. אתה ראשון, היא שנייה והוא **שלוש/ שלושה/ שלישי**.
32. לא תודה. אני **לא צריך/ צריך/ רוצה** שום דבר.

33. קנינו עיתון ילדים **מצוין/ מצוינת/ מצוינים** בעברית.

34. היא רוצה לשתות. תן **לך/ לה/ שלה** מים קרים.

35. אני מצטער מאוד, **יש לי/ אין לי/ בלי** זמן היום.

36. הוא יוצא מהבית בשעה 7. אז למה הוא **פונה/ מגיע/ מפסיק** לעבודה מאוחר?

37. סליחה, איך נוסעים לשוק? ואיפה אני צריך **לשבת/ לרדת/ לדעת?**

38. - מה **שותה/ שתיתם/ שתו** בבוקר? - אנחנו לא **לשתות/ שותים/ שתינו** כלום.

39. שיעורי הבית **קשה/ קשים/ קל**, אני לא מבין שום דבר.

40. ההורים **עוזרים/ מתחילים/ מפסיקים** לילדים בשיעורים.

41. הוא לא חולה עכשיו, הוא כבר **נהדר/ בריא/ מעניין.**

42. לבעיה הזאת אין **רעיון/ פתרון/ חשבון** פשוט.

43. יש פה שלוש חברות קיבוץ **צעירה/ צעירות/ אחרים.**

44. בראש השנה אנשים **מרגישים/ מתפללים/ מתרחצים** בבית הכנסת.

45. אני קראתי את הספר הזה הרבה **פעם/ פעמים/ דברים.**

46. אני צריכה כמה **דבר/ דברים/ פיתה** מהשוק.

47. הכלב שלי שותה רק מים **נקי/ נקייה/ נקיים.**

48. הוא קצת חולה. כל הגוף **כואב/ כואבת/ כואבים** לו.

49. בדואר **עומדים/ מתחילים/ שולחים** מכתבים וחבילות.

50. הוא היה רעב, **כי/ לכן/ כלום** הוא אכל הרבה בארוחה.

51. כל המשפחה **באים/ באה/ בא** ליום ההולדת של סבא.

52. עכשיו זאת עיר גדולה, אבל לפני חמישים שנה היא **היה/ הייתה/ היית** קטנה.

53. לא באנו, כי לא **היה/ הייתה/ היינו** לנו זמן אתמול.

54. **היה/ הייתה/ היו** לו עבודה מצוינת עם תנאים טובים.

55. למה אף אחד **עונה/ לא עונה/ עונים** לטלפון?

שיעור 25

פיעל עבר

א. עבודה בזוגות: אתם אומרים מהווה לעבר

אתם מדברים כמו בדוגמה: אני מדבר עברית.---- (אני) דיברתי עברית.	
אנחנו **מספרים** לילדים סיפור בערב.	**סיפרנו** לילדים סיפור בערב.
המורה **לימדה** מילים חדשות.	המורה **מלמדת** מילים חדשות.
היא **מחפשת** את המשקפים שלה.	היא **חיפשה** את המשקפיים שלה.
האיש **טייל** עם הכלב בפארק.	האיש **מטייל** עם הכלב בפארק.
אני **משלם** את החשבון בבנק.	**שילמתי** את החשבון בבנק.
הם **ביקרו** במוזיאון לארכיאולוגיה.	הם **מבקרים** במוזיאון לארכיאולוגיה.
את **מבקשת** מהילדים לשבת בשקט.	**ביקשת** מהילדים לשבת בשקט.
הן **חיפשו** את המזוודה שלהן.	הן **מחפשות** את המזוודה שלהן.
אתן **מקבלות** מתנות בחג?	**קיבלתן** מתנות בחג?
דיברתם בטלפון כל הזמן.	אתם **מדברים** בטלפון כל הזמן.
אני **מסדר** את החדר היום.	**סידרתי** את החדר היום.
למה **עישנת** פה?	למה אתה **מעשן** פה?

אתם כותבים בעבר:

1. מירי, אני ________ בכל הבית, אבל לא מצאתי את הכרטיסים לקונצרט.
   אולי את יודעת איפה **לחפש**?
2. למה אתה **מבקש** את המכונית עכשיו, למה לא ________ קודם?
3. אורי ודן, בבקשה **לשלם** את חשבון הטלפון, למה לא ________ אותו לפני שבוע?
4. יעל, אנחנו צריכים **לקבל** מכתב חשוב מהבנק, ________ אותו כבר?
5. אנחנו אוהבים **לשחק** כדורגל בפארק. גם אתמול ________ שם והיה כיף.
6. האורחים שלנו באים בשבע, ואנחנו עוד לא ________ (**לסדר**) את הבית.
7. הם ______ (**לטייל**) באמריקה בקיץ, ו______ (**לבקר**) בהרבה מקומות מפורסמים.
8. אתמול היא חזרה מחו"ל, אבל היא עוד לא ________ (**לספר**) לנו על הטיול.

השלימו את המילים החסרות:

1. יש היום הרבה _________ טובות למחלות קשות.
2. חשוב לאכול בשר או לא חשוב? יש על זה _________ גדול.
3. החוקרים לא _________ מי היו האנשים שכתבו את המגילות של **ים המֶלח**.
4. הר **סנטה קתרינה** בסינַי _________ לסיפור בתורה על הר סינַי.
5. ליד אילת יש מקום מיוחד, ששם יש _________ גדולים מאבן אדומה.
6. סטודנטים שלומדים היסטוריה צריכים לזכור _________ מהעבר.
7. בעיר חיפה יש _________ יפה עם גנים של הדת **הבָּהָאִית**.
8. כל שנה _________ רבים באים ומבקרים במקומות הקדושים.
9. **פֶּטְרָה** ביוונית עתיקה זה אבן. בעברית קוראים למקום הזה ה_________ האדום.
10. יש אנשים שהולכים לים, ויש אנשים שאוהבים להתרחץ ב_________.

חיפה
(צילום: מוחמד מוסא שהואן. מתוך אתר פיקיוויקי)

ויכוח, עמודים, מתאים, בטוחים, מאמינים, מקדש, תאריכים, בריכה, סלע, תרופות

<u>**רבי נחמן מבְּרֶסְלָב**</u>

השלימו את המילים החסרות:

רבי **נַחְמָן מבְּרֶסְלָב** היה רב חשוב שחי ב_________ ה-18. הוא חי בעיר **ברסלב** באוקראינה, אבל מת בעיר **אוּמָן**. הוא היה רב חשוב ומפורסם, אבל הוא לא כתב הרבה ספרים. אחרי שהוא_________, התלמידים שלו כתבו את הספרים שלו ביידיש ובעברית. רבי נחמן האמין ב _________ בין הגוף ובין ה_________. הוא אמר שחשוב להתפלל, לדעת ו_________, אבל עוד יותר חשוב להיות שמח. הוא האמין שאדם טוב הוא אדם שמח. החיים שלו היו קשים, האישה וכמה מהילדים שלו מתו, אבל הוא היה איש מאמין והיה אופטימי. היום הוא פופולרי מאוד, והרבה אנשים צעירים אוהבים את ה_________ הפילוסופיים שלו, ונוסעים כל שנה לעיר אומן באוקראינה. הם אומרים משהו מיסטי:

<u>**נַ-נַחְ-נַחְמָ-נַחְמָן מֵאוּמַן**</u> ומאמינים ב_________ המיסטית שלו.

רעיונות, קשר, נפש, להאמין, מאה, דרך, מת

<u>קלוז: פטרה</u>
השלימו את המילים החסרות:

פֶּטְרָה היא עיר נַבָּטִית עתיקה בירדן. העיר מפורסמת מאוד בארמונות ובבתים העתיקים שבנו מ__________ חוֹל אדומה. השם שלה בעברית הוא "הסלע האדום", כי כל הבתים והארמונות הם בתוך עמודי הסלע בהר. את פטרה בנו במאה ה-9 לפני הספירה, והיא הייתה הבירה של הנבטים. היא הייתה עיר חשובה מאוד כי היא הייתה בדרך למצרים, ומשם עברו אנשים עם גמלים ודברים יקרים למצרים.

לפי המסורת של הבדואים, פטרה היא ה__________ ששם מתה **מרים**, האחות של **משה**. לבדואים יש גם __________ יפה על משה. הם אומרים שמשה מהתורה מצא שם מים בסלע באמצע המדבר. לכן השם של הוָואדי על יד פטרה הוא **וָואדי מוּסָא**, כי זה השם של **"משה"** בערבית.

פעם חשבו שפטרה היא המקום העתיק **"קָדֵשׁ"**, שכתוב ב__________, אבל בשנת 1840 מצאו ה__________ והארכיאולוגים מקום חדש ל"קדש", ועכשיו החוקרים __________ חושבים שפטרה היא "קדש" מהתורה.

בשנות החמישים הרבה צעירים בישראל שמעו על המקום היפה, ורצו __________ את פטרה ולבקר שם, אבל הם לא __________ כי הייתה מלחמה בין ישראל וירדן, אבל היו כמה צעירים שהלכו לשם ומתו.

היום כל אחד __________ לבקר במקום, ולראות את הארמונות היפים. פטרה מפורסמת מאוד, והרבה תיירים באים לשם כל שנה. הרבה אנשים חושבים שפטרה היא אחד המקומות ה__________ בעולם.

לפי ויקיפדיה

חוֹל - sand

פטרה (צילום: אורי הראל)

תשובות:

אבן, מקום, סיפור, תורה, חוקרים, לא, לראות, הצליחו/הלכו, יכול, יפים

ספר השיאים של גינס

אתם כותבים כמו בדוגמה: ים המלח הוא ה**מקום הכי נמוך** בעולם

1. הרבה אנשים חושבים ש**המוֹן בְּלַאן** בין צרפת ואיטליה הוא ההר ___________ באירופה. אבל האֶלְבְּרוּס בקַוְקָז הוא ההר ___________ באירופה. (5642 מטרים)
2. התמונה ___________ בעולם היא תמונה של הצייר **גוּסְטָב קְלִימְט**. המיליונר **רון לָאוּדֶר** קנה אותה ב-135 מיליון דולר.

3. מה ארוך יותר ה**נִילוּס** באפריקה או ה**אָמָזוֹנָס** בדרום אמריקה? החוקרים אומרים שהאמזונס הוא הנהר ___________ בעולם. (האמזונס- 6830 ק"מ, והנילוס רק 6695 ק"מ)
4. הסינים חושבים שהם העם ___________ בעולם, כי יש להם רופאים טובים ותרופות מהטבע.
5. ארכיאולוגים חושבים שהעיר **יְרִיחוֹ**___________ בעולם. (בת 12,000 שנה)
6. האישה ___________ בעולם הייתה **ז'אן לוּאִיז קַלְמֶן** בת 122 מצרפת.
7. ירושלים היא העיר ___________ בישראל. גרים שם בערך 800 אלף אנשים.
8. הציפור ___________ בעולם היא ה**קוּלִיבְּרִי**. (רק 5 סנטימטרים)

גדול, קטן, יקר, זול, שמן, רזה, ארוך , קצר, גבוה, נמוך, בריא, עתיק, זקן

ציפור - קוּלִיבְּרִי

שיעור 26

קטע קריאה: אוֹפַנַּיִים

עכשיו תל אביב היא כמו כל עיר גדולה באירופה. זה עובד מצוין בלונדון, בפריז ובבַּרְצֶלוֹנָה ועכשיו גם פה. בעיר תל אביב יש אופניים בשם "תֶל אוֹפָן". מעכשיו כבר לא צריך מכונית ולא צריך לחפש מקום למכונית. בכל העיר יש תחנות לאופניים. כל אחד יכול לבוא ולקחת אופניים ולנסוע. זה לא יקר וזה נוח ונחמד מאוד. עכשיו אולי לא צריך גם לקנות אופניים לילדים, כי יש אופניים זולים בכל מקום. בעיר תל אביב יש גם דרכים חדשות לאופניים: בשדרות רוטשילד, בטיילת ליד הים, בנמל, ביפו וגם בפארק הירקון. הפְּרוֹיֶקְט הזה מצליח בכל אירופה, כי זה זול ונוח לאנשים וגם בריא, והוא פופולרי מאוד גם בתל אביב. ראש העיר אמר: "40% מהאנשים שגרים בתל אביב רוצים אופניים בעיר. עכשיו יש פחות מכוניות בעיר, ויש פחות רעש. זאת אלטרנטיבה מצוינת למכוניות בעיר".

מה אתם אומרים לילד עם אוֹפַנַּיִים חדשים:

דוגמה: **מותר** לנסוע לבית הספר עם אופניים.

אפשר ____________________

מותר ____________________

אסור ____________________

חשוב ____________________

נעים ____________________

אי אפשר ____________________

צריך ____________________

____

ללכת עם חברים לים, לעצור לפני מכונית, לנסוע לאט, לשמור על הטבע, לעשות ספורט, לטייל בגשם, לפגוש חברים בפארק, לבקר חברים טובים, לנסוע מהר, לנסוע ליד מכוניות, לאכול ולנסוע באופניים, לדבר בטלפון הסלולרי, לחזור הביתה מאוחר

מתי צריך להתחתן? מתי טוב להתחתן?

בהרבה מדינות חושבים ש**מותר** להתחתן רק בגיל 18 ולא קודם.

גם בישראל **אסור** להתחתן לפני גיל 18, אבל לפעמים **אפשר** להתחתן בגיל 17

אם ההורים מסכימים, וחושבים ש**מותר**.

הפסיכולוגים אומרים שחתונה של זוג צעיר מאוד היא רעיון לא טוב. הם חושבים שקודם **חשוב** ללמוד ולהכיר אחד את השני, ואז מצליחים גם בחתונה וגם אחר כך בחיים. ואולי גם לא **צריך** להיות הורים צעירים מאוד, כי לא **קל** להיות הורים לילדים קטנים בעולם המודרני. אבל יש אנשים שחושבים ש**טוב** להיות הורים צעירים, כי אז יש כוח וסבלנות לילדים.

מה אתם חושבים?

מסכים - agree

_____

_____

משפטי מושא – דיבור עקיף

מה אנחנו רוצים לדעת על העיר אילת

אתם כותבים כמו בדוגמה: שואל, רוצה לדעת, לא יודע

דוגמה: דן: תמיד חם באילת? - <u>הוא שואל אם</u> תמיד חם באילת.

רונית: אפשר לטוס לאילת כל יום?   רונית <u>לא יודעת</u> _____

יעל: נעים להתרחץ בים באילת?   היא _____

דן וגלי: יש באילת מסעדות טובות?   _____

דניאל: יש באילת מוזיאון של דגים   _____
טְרוֹפִּיִּים?

הדס: אפשר לנסוע מאילת לירדן?   _____

ליאור: יש מה לעשות באילת בערב?   _____

שירה ומאיה: מותר לישון באוהל על   _____
החוף?

אורי: יש הרים על יד אילת?   _____

אורן: אפשר לשחות בים עם דוֹלְפִינִים?   _____

גיל ויונתן: באילת יש הרבה תיירים   הם _____
בקיץ?

שיעור 27

מילים משיעור 26-27

א. אתם כותבים את המילים מן הרשימה:

1. לא כול האנשים בישראל דתיים, יש גם ___________, וגם אנשים ששומרים על המסורת.
2. אנחנו אוהבים _________ למוזיקה ברדיו.
3. החוקר הזה לא תמיד _________ עם חוקרים אחרים. יש להם הרבה ויכוחים.
4. _________ ההורים רוצים חופש קצר בקיץ, כי הם אומרים שהילדים לא עושים שום דבר _________ הקיץ.

5. איזה יופי! _________ יש תוכנית טובה בטלוויזיה.
6. הם אנשים דתיים, והם _________ באלוהים.
7. אני עייף. אני הולך לישון _________.
8. אתם יכולים למצוא את האינפורמציה ב_________ באינטרנט.
9. אסור _________ בבתי קפה.
10. בישראל נוסעים ב_________ ימין, ובאנגליה ב_________ שמאל.
11. החוקר עושה _________ מעניין על החברה הישראלית.
12. בשבת אני רוצה _________ עם חברים מחו"ל במסעדה.
13. בבקשה לא לעצור פה. בבקשה לנסוע _________.
14. באתי לעבודה בשעה שמונה, ו_________ לעבוד בלי הפסקה עד הערב.
15. איך אתה _________ את הבית בחורף בתנור או במזגן?
16. אנחנו קראנו את רוב הספר, והוא קרא רק _________ קטן מהספר.

מוקדם, אתר, רוב, חילוניים, במשך, סוף-סוף, צד, מחקר, קדימה, חלק
לעשן, המשכתי, להקשיב, מסכים, להיפגש, מאמינים, מחמם

ב. מה ההפך:

חלק ≠	_________	מוקדם ≠	_________
פחות ≠	_________	קדימה ≠	_________
חילוני ≠	_________	עני ≠	_________
אסור ≠	_________	בדיוק ≠	_________

מותר, רוב/ כל, יותר, דתי, בערך, עשיר, אחורה, מאוחר

<u>הפעיל</u>

א. תרגיל זוגות: אתם אומרים מהווה לעבר

אתם מדברים כמו בדוגמה: אני מתחיל עבודה חדשה.--- (אני) התחלתי עבודה חדשה.	
אני **מסביר** את המילים החדשות.	**הסברתי** את המילים החדשות.
אימא **הדליקה** נרות שבת.	אימא **מדליקה** נרות שבת.
הוא **מתחיל** לעבוד מוקדם.	הוא **התחיל** לעבוד מוקדם.
הפסקנו לראות טלוויזיה.	אנחנו **מפסיקים** לראות טלוויזיה.
אתה לא **מצליח** לקום בבוקר.	לא **הצלחת** לקום בבוקר.
למה לא **הקשבתם**?	למה אתם לא **מקשיבים**?
כמה חברים אתן **מזמינות** למסיבה?	כמה חברים **הזמנתן** למסיבה?
היא **הזמינה** סלט ומיץ.	היא **מזמינה** סלט ומיץ.
אתה אף פעם לא **מפסיק** לעבוד.	אף פעם לא **הפסקת** לעבוד.
הם **האמינו** באסטרולוגיה.	הם **מאמינים** באסטרולוגיה.
מה את **מחליטה**: דירה או מעונות?	מה **החלטת**: דירה או מעונות?
הן **הסכימו** לצאת לטיול.	הן **מסכימות** לצאת לטיול.

ב. פרסומת לבית ספר מיוחד

אתם אומרים וכותבים את הטקסט בעבר:

בית הספר שלנו מיוחד. כל התלמידים שלנו תמיד **מצליחים** בבחינות, גם תלמידים שלא תמיד **מקשיבים**, **מצליחים**. המורים שלנו הם אנשים מיוחדים, הם **מסבירים** כל תרגיל לאט ובסבלנות, והם לא **מפסיקים** עד שכולם **מבינים** הכול.

אני יודע שאתם לא **מאמינים** לפרסומת הזאת, אבל זה נכון. כל תלמיד ש**מתחיל** ללמוד בבית הספר שלנו, לא **מפסיק** באמצע ו**ממשיך** עד הסוף, ולכן כל אחד **מצליח** גם באוניברסיטה. אנחנו **מזמינים** היום את כל ההורים לבוא, לבקר ולראות את הכיתות, המחשבים והמורים שלנו.

עבר: בית הספר שלנו **היה** מיוחד ______________________________________

____

____

____

____

____

____

____

<u>מילת היחס עם</u>

א. השלימו: עם - איתי, איתך, איתו, איתה, איתנו, איתכם, איתכן, איתם, איתן

1. הילדים שלנו לא גרים ________, הם כבר גדולים.
2. מיכאל, אני יכול ללמוד ________ לבחינה מחר?
3. אני רוצה לבקר את המשפחה שלי. תמר, את רוצה לבוא ________?
4. היא ילדה חכמה מאוד. אפשר לדבר ________ על הכול.
5. ההורים שלי באים לארץ בקיץ, ואני רוצה לטייל ________ בכל מקום.
6. גלית, אני לא מסכימה ________, כי אין פתרון פשוט לבעיה.
7. - מתי אתה רוצה להיפגש ________ הרב של הישיבה?
   - אני נפגש ________ אחרי הצהריים.
8. יוסי ודויד, אני רוצה לחזור ________ הביתה אחרי המסיבה.

ב. אתם כותבים מה נכון: של, שלי... את, אותי... עם, איתי...

1. זאת המכונית של ליאור ושלי. זאת המכונית החדשה ________.
2. הוא רצה לפגוש את החברים מאמריקה. הוא רצה לפגוש ________ כבר מזמן.
3. אנחנו הולכות לסרט בערב. אתה רוצה לבוא________ לסרט?
4. ________ מי זה? אולי זה שלךָ?
5. הוא רוצה לרקוד עם הרבה בחורות במסיבה, הוא רוצה לרקוד ______, כי זה כיף.
6. – רון, איפה גרה המשפחה________?
   – המשפחה ________ גרה בחו"ל.
7. הוא דיבר עם הפרופסור שלו אתמול, הוא דיבר________ על השיעור האחרון.
8. שירי, אני מאוד רוצה לפגוש________, ולראות________, אבל אני לא יכול ללכת ______ לסרט, כי אין לי זמן היום.
9. יונתן ומאיה, איפה הדירה ________ ?

10. גילי ודויד, אני לא יכול לנסוע ________ לטיול, אני עובד מחר.
11. אני לא מדברת עם דן, והוא לא מדבר ________.
12. אנחנו לא מכירים אותם, והם לא מכירים ________.
13. מדונה באה לארץ, אני מאוד רוצה לראות ________ בקונצרט בפארק.
14. ________ מי את הולכת לקונצרט?
15. יוסי, אני יכול להיפגש ________ רק בערב.
16. הכלב שלי רוצה לישון ________ במיטה שלי, אבל אני לא רוצה לישון איתו.
17. הוא אוהב ללמוד עם חברים בספרייה. הוא לומד ________ כל יום.

לפגוש את --- להיפגש עם

שיעור 28

התפעל

א. תרגיל זוגות –אתם אומרים מהווה לעבר

אתם מדברים כמו בדוגמה: אני משתמש במחשב.--- (אני) השתמשתי במחשב.	
הן **מתנדבות** בבית הספר שלנו.	הן **התנדבו** בבית הספר שלנו.
הוא **הצטער** שהוא לא פגש אותה.	הוא **מצטער** שהוא לא פגש אותה.
אתם **משתמשים** בתרופות סיניות?	**השתמשתם** בתרופות סיניות?
אני לא יודעת למה היא **לא התחתנה**.	אני לא יודעת למה היא לא **מתחתנת**.
הם **מתאהבים** בסרט **ומתחתנים**.	הם **התאהבו** בסרט **והתחתנו**.
בבוקר **התלבשתי** מהר ורצתי לעבודה.	בבוקר אני **מתלבשת** מהר ורצה לעבודה.
אנחנו **מתכתבים** עם חברים בפייסבוק.	**התכתבנו** עם חברים בפייסבוק.
השתמשתן במילון טוב?	אתן **משתמשות** במילון טוב?
הקבוצה **מתפללת** ביחד כל יום.	הקבוצה **התפללה** ביחד כל יום.
למה תמיד **התרגשת** לפני טיולים?	למה אתה תמיד **מתרגש** לפני טיולים?
הוא **מתרחץ** בים בחורף.	הוא **התרחץ** בים בחורף.
על מה **הסתכלת**?	על מה את **מסתכלת**?

ב. סבתא שלי

השלימו את הפעלים בצורה הנכונה:

לפני 60 שנה סבא וסבתא שלי גרו בבית קטן בלי מים חמים. כל המשפחה ___________ (**להתרחץ**) רק פעם בשבוע.

בת כמה סבתא הייתה בחתונה? היא ___________ (**להתחתן**) בגיל 17. היא הייתה צעירה מאוד, ואהבה את סבא מאוד, ואף פעם לא ___________ (**להצטער**) על שום דבר שהיא עשתה. הם הכירו בבית הספר, __________ (**להתאהב**) ו__________ (**להתחתן**).

היא וסבא היו דתיים מאוד. הוא___________ (**להתפלל**) בבית כנסת קטן ליד הבית, והיא __________ (**להתפלל**) בבית. הכול בבית היה כשר. בפסח הם __________ (**להשתמש**) בכלים מיוחדים ויפים מאוד של פסח.

ביום ההולדת ה-80 של סבתא עשינו לה מסיבה גדולה עם כל הילדים והנכדים, היא כל כך שמחה ו__________ (**להתרגש**). איזה כיף שיש סבתא כזאת.

<u>מילים משיעור 27-28: ילדים עייפים</u>

השלימו את המילים החסרות:

הרופאים אומרים שילדים צריכים לישון לא __________ משמונה שעות בלילה.

אבל הרבה ילדים הולכים לישון מאוחר וקמים ________ ולא מצליחים לישון מספיק שעות.

לפעמים הילדים לא מצליחים ללמוד _______ היום, והם גם לא מצליחים __________

למורה בשיעור. הם עייפים מאוד ורוצים לישון.

הרבה ילדים בעולם יושבים הרבה שעות בבית ומשחקים ומדברים באינטרנט.

<u>חלק</u> מההורים לא יודעים מה לעשות: הם רוצים להיות הורים ליברליים, אבל הם לא אוהבים

רעש ולא רוצים ________ בבית.

הפסיכולוגים אומרים: ההורים צריכים להיות נחמדים וליברליים ולתת <u>יחס</u> טוב לילדים, אבל

הם צריכים _________ מתי קמים ומתי הולכים לישון, זה <u>תפקיד</u> של ההורים.

נכון, לפעמים ההורים לא יודעים מה לעשות. לפעמים הם עושים ________, אבל זה לא

נורא. להיות הורים זאת עבודה קשה ותפקיד חשוב.

____

להחליט, להקשיב, פחות, מוקדם, במשך, ויכוחים, שגיאות

__צירופים עם שם פועל__

אתם מדברים כמו בדוגמא: היא **עובדת** פה. (קשה) ----- **קשה לה** לעבוד פה.

אתם מדברים כמו בדוגמה: אני כותב ספר (קשה).--- קשה לי לכתוב ספר.	
אני אוכל ארוחת בוקר כול יום. (חשוב)	חשוב **לי** לאכול ארוחת בוקר כל יום.
נעים **לו** לפגוש חברים בים.	**הוא** פוגש חברים בים. (נעים)
הוא לוקח את המכונית בערב. (מותר)	מותר **לו** לקחת את המכונית בערב.
חשוב **לנו** ללמוד פילוסופיה עתיקה.	**אנחנו** לומדים פילוסופיה עתיקה. (חשוב)
הילדים נוסעים לים בלי ההורים. (אסור)	אסור **לילדים** (להם) לנסוע לים בלי ההורים.
לא כדאי **לכם** לשתות הרבה קפה.	**אתם** שותים הרבה קפה. (לא כדאי)
את מדברת עם אנשים ברחוב. (אסור)	אסור **לך** לדבר עם אנשים ברחוב.
קל **לה** לחפש עבודה באינטרנט.	**היא** מחפשת עבודה באינטרנט. (קל)
הן צוחקות בשיעור. (מותר)	מותר **להן** לצחוק בשיעור.
קשה **לנו** לצאת לחופשה בקיץ.	**אנחנו** יוצאים לחופשה בקיץ. (קשה)
אתה אוכל מהר מאוד. (לא כדאי)	לא כדאי **לך** לאכול מהר מאוד.
אסור **לך** לפנות פה שמאלה.	**את** פונה פה שמאלה. (אסור)
אתם מתחילים לעבוד בשבע. (לא נעים)	לא נעים **לכם** להתחיל לעבוד בשבע.
אסור **לי** לשחות כאן.	**אני** שוחה כאן. (אסור)
אתה לא שותה הרבה מים. (כדאי)	כדאי **לך** לשתות הרבה מים.
קשה **לי** להתרחץ במים קרים.	**אני** מתרחץ במים קרים. (קשה)
הן חוזרות הביתה מאוחר. (לא כדאי)	לא כדאי **להן** לחזור הביתה מאוחר.
כדאי **לה** ללכת הרבה ברגל.	**היא** הולכת הרבה ברגל. (כדאי)
הוא מתפלל כל יום. (חשוב)	חשוב **לו** להתפלל כל יום.
קל **לכן** לקום מוקדם בבוקר.	**אתן** קמות מוקדם בבוקר. (קל)
אנחנו יושבים עם חברים בבית קפה. (טוב)	טוב **לנו** לשבת עם חברים בבית קפה.
נעים **לנו** ללכת הביתה ביחד.	**אנחנו** הולכים הביתה ביחד. (נעים)
האישה מטיילת בגשם בפארק. (נעים)	נעים **לאישה** (לה) לטייל בפארק בגשם.
אנחנו יכולים להשתמש במילון?	**אפשר** להשתמש במילון? (אנחנו)
אפשר ללמוד בספרייה בערב. (הוא)	**הוא יכול** ללמוד בספרייה בערב.
את לא יכולה ללכת לשם עכשיו.	**אי אפשר** ללכת לשם עכשיו. (את)
צריך לענות על השאלות. (אתה)	**אתה צריך** לענות על השאלות.
אנחנו צריכים לאכול הרבה ירקות.	**צריך** לאכול הרבה ירקות. (אנחנו)

תרגילי סיכום

ספרים, סופרים ואוכל

אתם כותבים את הפעלים בצורה הנכונה:

גיל חוֹבָב, שתמיד ___________ (לאהוב, עבר) לבשל, _______ (לרצות, עבר) לעשות תוכנית טלוויזיה על ספרים ועל סופרים. אבל המנהלים של התוכנית __________ (לחשוב, עבר) שאולי כדאי ________ (לעשות) תוכנית על סופרים, על ספרים וגם על אוכל. התוכנית על סופרים ועל אוכל _________(להיות, עבר) מאוד פופולרית ו__________ (להצליח, עבר) מאוד.

חובב מסביר, "סופרים רבים _________ (לכתוב, הווה) בספרים שלהם על אוכל, למשל הסופר הישראלי **ש"י עַגְנוֹן**, ש_________ (לקבל, עבר) **פְּרָס נוֹבֶּל** לסִפרות".

חובב אומר שבהתחלה הוא לא _________ (לדעת, עבר), מה בדיוק לעשות בתוכנית, אבל אחר כך הוא _________ (לראות, עבר), שיש באמת הרבה ספרים מעניינים מכול העולם עם סיפורים מעניינים על אוכל וגם מתכונים.

בתוכנית _________ (להיות, עבר) הרבה אורחים מעניינים. הם __________ (לספר, עבר) על הספרים שהם אוהבים, ואיך הספרים _________ (לעזור, עבר) להם בחיים. **חובב** _________ (לדבר, הווה) בתוכנית על המתכונים ועל האוכל בספרים מפורסמים. הוא _________ (לומר, עבר) שלא ________ (להיות, עבר) לו בעיה למצוא סיפורים על אוכל, אבל לפעמים הסופרים "___________" (לשכוח, הווה) לכתוב בספר איך עושים, למשל, את העוגה או את המרק, לכן הוא _________ (לתת, הווה) את המתכון שאין בספר.

(מתוך שער למתחיל)

מַתְכּוֹן – (רֶצֶפְּט), מסביר איך עושים אוכל

סוֹפֵר – איש שכותב ספרים

פְּרָס - prize

חזרה על פעלים:

מה נכון?

1. אתה **שואל/ מבקש** מה השעה.

2. אני **יודע/ מכיר** איפה אתה גר.

3. התלמידים **עונים/ שואלים** את התשובה.

4. אתם **לובשים/ מתלבשים** מהר.

5. אני **מתרחץ/ רוחץ** ידיים.

6. אנחנו **מחפשים/ רואים** עבודה.

7. הוא **מכיר/ יודע** הרבה אנשים בעיר.

8. **זכרתי/ שכחתי** את הכסף בבית, ואני לא יכול לשלם.

9. הוא **חי/ גר** במאה ה-19.

10. אתה לא **מדבר/ אומר** עברית?

11. בערב הם **מדברים/ מספרים** לנו מה חדש בעבודה.

12. הוא **מבקש/ שואל** את החשבון במסעדה.

13. **ביקשתי/ שאלתי** שקט.

14. היא **נוסעת/ הולכת** באוטובוס לירושלים.

15. אנחנו **טסים/ הולכים** לאירופה בקיץ.

16. אתה **עושה/ רץ** סקי בחורף.

17. אני **מרגיש/ מתרגש** טוב.

18. הוא **עובר/ פונה** את הכביש מהר.

19. אני מחפש את הרחוב, אבל אני לא **יוצא/ מוצא** אותו.

20. את **לובשת/ מתלבשת** שמלה יפה.

21. בבקשה יושב/ **לשבת**, הקונצרט מפסיק/ **מתחיל**.

22. הוא **חוזר/ עובר** הביתה אחרי שמונה בערב.

23. היא **עוזבת/ עוזרת** את הבית ומחפשת דירה עם חברים.

תרגיל חזרה לרמה א

1. לא באתי לשיעור, **חבל/ כי/ לכן** כאב לי הראש.

2. הפיצה הזאת עם גבינה, והפיצה **שנייה/ השנייה/ שתיים** עם טונה.

3. לא **היית/ הייתה/ היה** לנו סבלנות למוזיקה הזאת.

4. אתמול הוא היה עצוב והיה לו קשה, אבל היום הוא **עצוב/ שמח/ פוחד** וצוחק.

5. אני רוצה **שתים/ שתי/ אחת** עגבניות, בבקשה.

6. הלכתי הביתה **מוקדם/ מאוחר/ אחרי** לפני כולם, כי הייתי עייף.

7. אתה חולה, אתה צריך **יושב/ לשכב/ לקום** במיטה.

8. יש לך זמן הערב? אני רוצה ללכת **אותך/ איתך/ לך** לסרט.

9. **אפשר/ יכול/ יכולה** להדליק אור עכשיו?

10. אתה עובד משבע בבוקר עד הצהריים. אתה עובד **כל בוקר/ כל הבוקר/ כל יום.**

11. הם לא **התנדבו/ השתמשו/ התכתבו** במילון טוב.

12. זאת עוגת שוקולד **טעימה/ הטעימה/ טעימים.**

13. אולי אתה יכול לדבר **לו/ איתו/ אותו** על הפגישה שלנו?

14. הוא בא לשיעור אחרי תשע, זה **מוקדם/ מאוחר/ פשוט**, כי השיעור מתחיל בתשע.

15. דן ודויד, יש **לך/ להם/ לכם** שיעורים היום?

16. אלה סבא וסבתא של דני ושלי. אלה סבא וסבתא **שלך/ שלהם / שלנו.**

17. הוא דיבר איתה, אבל היא לא **מקשיב/ הקשיבה/ הצליחה** לו.

18. - את באה **ל/ עם / על** סרט? - לא, אני מצטערת, **בלי/ לא/ אין** לי זמן היום.

19. איפה אתה גר? מה **התאריך/ הכתובת/ המקום** שלך?

20. אין לו כסף. הוא איש עשיר/ **עני/ טבעי.**

21. דן וגילי, למה לא **אמרתם/ סיפרו/ אמרנו** לנו מתי אתם רוצים לבוא?

22. חיפשתי את הספר החדש בחנות, אבל לא **מצאתי/ ידעתי/ פניתי** אותו.

23. אנחנו אוהבים **לשחות/ לפנות/ לענות** בבריכה וגם בים.

24. אתמול רקדנו במסיבה **כל יום/ כל הלילה/ לילה.**

25. לא לקחנו מספיק אוכל לטיול, ועכשיו אנחנו **עייפים/ רעבים/ טעימים.**

26. **היה/ הייתה/ היו** לו הרבה תוכניות לערב.

27. אני מרגיש לא טוב. **כואבת/ כואב/ כואבים/ כואבות** לי השיניים.

28. עכשיו קיץ. **אני חם/ חם לי/ אין קר** ואני הולך לים.

29. הלכנו למסיבה בערב, ו **עוד/ אחר כך/ לפני** הלכנו הביתה לישון.

30. אני לא שומעת **אתך/ אותך/ לך**, כי יש פה הרבה **שקט/ בסדר/ אנשים.**

31. אתה מכיר את **חברים חדשים/ החברים החדשים/ חברים החדשים?**

32. מתי אני **יכול/ אפשר/ כדאי** לפגוש אותך?

33. - מי סיפר לך? - **שום דבר/ אף אחד/ מישהו** לא סיפר לי.
34. הוא היה חולה, ו **לפני/ לכן/ כי** הוא לא בא לעבודה.
35. - מתי **היה/ היית/ הייתה** באילת? - **אף פעם/ שום דבר/ אף אחד** לא הייתי שם.
36. הוא שתה מיץ, והיא **שתה/ שתית/ שתתה** רק מים.
37. אנחנו **עליתם/ עלו/ עלינו** על ההר הזה ברגל.
38. **אפשר /כדאי/ צריך** לכם לנסוע לכינרת, כי בחורף יפה שם.
39. לבשתי מעיל חם, כי **הייתי/ היה/ היינו** לי קר מאוד בלילה.
40. סליחה, אבל אתמול לא **הייתי/ היה/ הייתה** לי זמן לדבר איתך בטלפון.
41. יש לנו אורחים לשבת, וגם לפני שבוע **היה/ היו/ הייתה** לנו אורחים לשבת.
42. **ילד/ הילד/ ילדים** שלי, הולך ל **הבית ספר/ הבית הספר/ בית הספר**.
43. מירי **עשה/ עשתה/ עשית** את שיעורי הבית.
44. אתה **מכיר/ יודע/ אפשר** מסעדות טובות ביפו?
45. אני אוהבת לשמוע שירים ברדיו, אבל אני לא **מסכימה/ מסבירה/ מקשיבה** למילים.
46. הוא מדבר יפה מאוד על פוליטיקה, אבל אני לא **מרגיש/ מסכים/ מתחיל** איתו.
47. הוא לבש את **מכנסי ג'ינס/ מכנסי הג'ינס/ מכנסיים ג'ינס** החדשים.
48. הוא ביקש ממני כסף, אבל אני לא **הרגשתי/ הפסקתי/ הסכמתי** לתת לו.
49. הייתי חולה, אבל **הפסקתי/ הרגשתי/ המשכתי** לעבוד.
50. **אסור/ אפשר/ צריך** לילדים לעבור כביש בלי מישהו מבוגר.
51. ים המלח הוא המקום הכי **קטן/ נמוך/ קצר** בעולם.
52. היא גבוהה מאוד, והשיער שלה **ארוך/ גבוה/ גדול** מאוד.
53. קניתי את **ספר ילדים חדש/ ספר הילדים החדש/ הספר ילדים חדש**.
54. אנחנו לא **אפשר/ יכול/ יכולים** לנסוע בשבת באוטובוס.
55. **אי אפשר/ יכול/ אסור** לך לשתות הרבה קפה.
56. הוא אוהב את הספר הזה יותר **ש/ מ/ על** הרבה ספרים.
57. אני לא **מפסיק/ מצליח/ מרגיש** להבין אותך, כי כולם מדברים ביחד.
58. זה ההר הכי **קצר/ גבוה/ ארוך** בארץ.

<u>קלוז: הלוויתן שר</u>

כולם אומרים על מישהו שלא אוהב לדבר: "שקט כמו דג", ובאמת דגים לא ____________.
אבל הלווייתנים הגדולים יודעים לדבר אחד עם השני.

לכל לוויתן יש קול מיוחד שכול לווייתן מהמשפחה שלו מכיר. החוקרים __________ שלווייתנים יודעים גם לדבר וגם __________. השירים שלהם מיוחדים מאוד, כי הם ארוכים ויפים.

קשה לאנשים __________ את השירים של הלווייתנים, כי הם שרים בקול נמוך מאוד. "האוזן שלנו לא יכולה לשמוע את ה__________ האלה, אנחנו יכולים לשמוע את השירים רק בטכנולוגיה מודרנית", אומרים החוקרים.

למה הם מדברים, ולמה הם שרים?

אולי כי הים לא נקי, ואי אפשר __________ טוב במים, אבל אפשר לשמוע "שירים". החוקרים חושבים שהלווייתנים שרים כי הם רוצים לדעת את מי הם פוגשים, אם זה ________ שהם מכירים או מישהו חדש. לפעמים הם רוצים לספר לחבר על דגים טעימים, לפעמים הם מספרים שיש להם בעיה ולפעמים הלווייתנים שרים שירים רומנטיים.

החוקרים אומרים שפעם היה הרבה שקט בים, אבל עכשיו _________ שקט, כי האנשים עושים הרבה מאוד רעש בים, ואולי עכשיו קשה ללווייתנים לשמוע את השירים של החברים שלהם. יש אנשים שחושבים שהלווייתנים לא באמת חכמים, ולא מבינים מה הם שרים, ולכן השירים לא _________. אבל החוקרים לא מסכימים, ומאמינים שהשירים חשובים מאוד ללווייתנים, כי הם _________ להם למצוא את הקבוצה שלהם ולהיות ביחד.

לִוְויָתָן –

<u>קלוז: לומדים בבית</u>

הילדים של משפחת **לֵב** מקיבוץ **כְּפַר-מְנַחֵם** לא הלכו לבית הספר השנה. הם __________ מתמטיקה עם אימא, ו__________ ספרים בהיסטוריה עם אבא. הילדים אומרים: "יותר כיף לנו בבית". **שָׂגִית לב**, אימא של הילדים אומרת: "כך הם לומדים בדרך נכונה וטבעית מהחיים".

הילדים האלה לא קמים בבוקר ומתחילים ללמוד כמו תלמידים אחרים. הם קמים __________, כי יש להם זמן, ואז הם אוכלים או משחקים. הילדים האלה ___________ מה שהם רוצים, יום אחד מתמטיקה או מוזיקה וביום אחר על החיים בטבע. כל ילד לומד לאט ובזמן שלו. לפעמים הם לומדים עם ספרים, ולפעמים הם בונים משהו או לומדים לעשות אוכל או רק משחקים במחשב. הם __________ את החברים שלהם אחרי הצהריים, אחרי השעות של בית הספר, כי יש להם חברים שהולכים לבית ספר.

אבל **לִיבִּי**, האחות הצעירה, היא בת חמש והיא רוצה ללכת לבית הספר עם כל __________ שלה מהגן. **שגית לב**, אימא של **ליבי**, אומרת: "אם היא באמת רוצה ___________ לבית הספר, אז גם זה בסדר. אבל אולי יותר טוב לה בבית, אבל אני גם רוצה לשאול אותה למה היא לא רוצה להיות בבית עם האחים שלה".

יש סטטיסטיקה שאומרת שיותר ויותר הורים בישראל חושבים שלא __________ לשלוח את הילדים לבית הספר, לכן בזמן שילדים אחרים יושבים ולומדים בכיתות, 170 משפחות בישראל לא __________ את הילדים שלהם לבית הספר הרגיל. אולי כי ההורים האלה רוצים להיות הורים מיוחדים, או יש להם יותר __________ וסבלנות להיות עם הילדים.

<u>תשובות</u>

<u>יחידה 1</u>

כותבים

את ***תמי*** אתה ***מתי***

אני ***נתן*** ***היא*** אימא.

היי מאיה. ***מי*** היא?

דיאלוג:

1. - היי, אני תמי. - אה, ***את*** תמי? - היי, ***אתה*** מתי. - אה, אתה ***אתה***?	2. - מאיה? אנה? תמי? מי את? - אני אנה. - ***מי היא***? - ***היא*** תמי.
3. - אתה מתי? - אני מתי. מי ***אתה***? - אני? אני נתן.	4. - מי היא? - נינה. - ***מי*** היא? - היא מאיה.

מה בתמונה?

מים ים

מתנה

יין

אימא

<u>יחידה 2</u>

זכר או נקבה

אני תלמיד. ***אני תלמידה.***

אתה ילד. ***את ילדה.***

אתה איש. את אישה.

לא, היא מגרמניה.

דיאלוג

היי, אני דינה. מאין אתה?
אני מאנגליה. מאין את?
גם אני מאנגליה.
מאין היא? היא מישראל?

מה בתמונה?

הר

דגל

איש

גלידה

ילדה

אישה

שמש

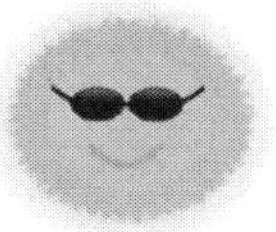

יחידה 3

דיאלוג
- שלום, מאין אתה?
- אני מאנגליה. ואת?
- אני מישראל.
- אתה לומד אנגלית?
- לא, ואת?
- אני לומדת אנגלית.
- מה אתה לומד?
- אני לא לומד. אני מורה.
- אה, להתראות.

יחיד - רבים
אתם מישראל.
אתם לא מורים.
הן ילדות.
אתן תלמידות.
אתם תלמידים.

זה או זאת?

זה לימון	*זאת* גלידה	*זה* תה	*זה* תלמיד
זה איש	*זאת* ילדה	*זאת* אישה	*זה* לחם

יחידה 4

דיאלוג
- נעים מאוד. אני רון.
- אני מקנדה.
- ואני מישראל.
- שלום, שלום.

דיאלוג: מה אתה לומד?
- אני דויד ואני סטודנט
- אני לא סטודנטית. אני מורה.
- מה אתה לומד?
- אה, מוזיקה, דרמה, טלוויזיה...
- נעים מאוד.

יחיד – רבים
הם לא תלמידים.
אנחנו גרות שם.
מה הן רוצות?
מאין אתם?
מאין אתן?
אנחנו לומדים רוסית.
מה הן עושות שם?

מה השאלה:
מה זה? זה מיץ
מאין את/ה? אני מאיטליה.
מי זאת? זאת דינה.
מה זה? זה תה עם לימון
מה אלה? אלה ילדים.
מה את? אני סטודנטית.

מה נכון?

1. לומד. 2. זאת. 3. מה. 4. ילדים. 5. הן. 6. זה. 7. אתן. 8. עם. 9. מה נשמע. 10. לומדות.

מה נכון?

לאן? לסרט	מאין הם? ממקסיקו
מי זאת? זאת חנה	מה נשמע? מצוין
מה את שותה? קצת מים	אתם רוצים מיץ? כן, תודה

<u>יחידה 5</u>
מה נכון?

ים	ים
יין	יין
מורים	מורים
משפחה	משפחה
תלמידה	תלמידה
סטודנטית	סטודנטית
מיץ	מיץ
כיתה	כיתה
עוגה	עוגה
פיצה	פיצה
שיר	שיר

מה נכון

1. סוכר. 2. לומדת. 3. מדבר. 4. שותה. 5. לומדים. 6. מדברות. 7. מורה. 8. בירה. 9. מצוין. 10. שותה. 11. עברית. 12. גלידה. 13. שוקולד. 14. גלידה. 15. ילדים. 16. גרות. 17. מלח. 18. סטודנטית.

דיאלוג: זאת תל אביב

זאת, זה, זה, אלה.

יש או אין

יש פה הרבה תלמידים?	אין פה הרבה תלמידים.	יש תה עם עוגה?	אין תה עם עוגה.
יש שם ים?	אין שם ים.	יש פה סופרמרקט?	אין פה סופרמרקט.
יש סוכר בסלט?	אין סוכר בסלט.	יש פה הרבה ילדות?	אין פה הרבה ילדות.
יש פה מוזיאון?	אין פה מוזיאון.	יש פה יין?	אין פה יין.
יש בירה?	אין בירה.	יש לימון בתה?	אין לימון בתה.

כותבים: אני, אתה, את, הוא...

1. היא. 2. הוא. 3. הם. 4. אני. 5. אנחנו. 6. אתן.

<u>יחידה 6</u>
הפכו לרבים:

1. דויד ומירי קוראים ספרים. 2.אנחנו מדברות רק עברית. 3.אתן רוצות קפה עם חלב? 4.הם גרים ליד הים. 5.מה אתן עושות עכשיו? 6.הן לומדות פילוסופיה. 7.אתם אוהבים אבוקדו? 8.לאן אתן הולכות? 9.אתן גרות פה? 10.אתם רוצים מיץ עכשיו? 11.אתם כותבים מכתב באנגלית. 12.הן באות מהבית.

אתם כותבים כמו בדוגמה:

1. הולך. 2. באים. 3. עושה. 4. אוהבים. 5. מדברות. 6. רוצות. 7. אוהבת. 8. הולכת. 9. באות. 10. כותב

חזרה על היחידות
מה נכון:

לאן. 2. קוראים. 3. למסעדה. 4. מה השעה? 5. מאין. 6. באות. 7. יודע. 8. אין. 9. שם. 10. אישה. 11. קוראת.
12. רבע לאחת עשרה. 13. רק. 14. אבל. 15. אלה. 16. יש. 17. תודה. 18. הרבה. 19. מאוד.

פסק זמן א'
השלימו את המשפטים

1. מה השעה, ורבע. 2. עושה, שמונה וחצי, הולכת. 3. רבע ל. 4. זאת, אלה. 5. יודעת. 6. שקט. 7. רוצה,
שותה. 8. באים.

אתם כותבים מה נכון:

גרה, עושה, הולכת, מדברים, שותים, שרים.

מכתב מדניאל:

ספר/ ספרים, מכתב/ מכתבים, מורה, מעונות, סטודנטים, עולם, אימא.

שיעור 1
דיאלוגים קטנים

1. ימינה, יודעת. ב. נוסע. ג. מצטער. ד. לחמנייה. ה. שומעים. ו. צהריים. ז. מבין. ח. מספר

פעלים

1. נוסע. 2. גרות. 3. שותים. 4. קוראת. 5. קונות. 6. עובד. 7. שומעים. 8. מדברת. 9. בא. 10. יודעת. 11.
הולכים. 12. נוסעים. 13. קונים.

מספרים:

שתי ילדות. גלידה אחת. ארבע בננות. חמש פיתות. שבע לחמניות. עשר תלמידות. שמונה משפחות. תשע
חנויות. שש סטודנטיות.

מספרים בחנות

שתי, ארבע, חמש, אחת. שתי, ארבע, חמש, אחת.

אתם כותבים את הפעלים נכון:

1. לומד. 2. גרה. 3. הולכים. 4. שותה. 5. קוראת. 6. באות. 7. עובד. 8. עושים. 9. מבינה. 10. כותבים. 11.
אוהבות. 12. שרים. 13. רוצה. 14. שומעת. 15. יודע. 16. קונות. 17. מצטערת. 18. אומרים. 19. נוסעים.

שאלות

1. איך הולכים לים? 2. איפה קונים פיצה? 3. מה לומדים באולפן? 4. איך נוסעים לאוניברסיטה? 5.מה שותים
בקפיטריה? 6. איך עושים יוגה? 7. איפה עושים פיקניק? 8. מה קוראים בספרייה? 9. איך אומרים היי בעברית?

שיעור 2
מילות שאלה

1. מתי היא באה?/ מתי אתם הולכים?... 2. לאן את הולכת? / לאן הוא הולך?... 3. מאין היין? /מאיפה היין?
4. מה הוא שומע? מה הוא אוהב? איזו מוזיקה הוא שומע? ... 5. לאן הן הולכות? 6. איפה דנה? 7. מה השעה
(עכשיו)? 8. מתי אתה הולך למסעדה?/ מתי את רוצה המבורגר?...9. כמה בננות יש פה? 10. איך הולכים
לים/ לבנק/ למסעדה...? 11. מאין אתם באים?/ מאיפה אתם באים? 12. מה אתה קורא?/ איזה ספר אתה
קורא? 13. מי זאת? 14. מאין הסטודנט?/ מאיפה הסטודנט? 15. כמה פיתות יש פה?/ כמה פיתות אתן
רוצות?...

א. יחיד או רבים

1. ילדים טובים. 2. ילדות נחמדות. 3. נשים יפות. 4. אנשים טובים. 5. שולחנות עתיקים. 6. ערים עתיקות. 7. מלונות חדשים. 8. ספרים ישנים. 9. סטודנטיות נחמדות. 10. רחובות גדולים. 11. עוגות מצוינות. 12. עצים יפים. 13. גינות גדולות. 14. רחובות מיוחדים. 15. בתים מודרניים.

ב. יחיד או רבים

1. זאת דירה ישנה. 2. זאת ילדה יפה. 3. זאת אישה נחמדה. 4. זאת בחורה טובה. 5. זאת חנות קטנה. 6. זה בית מצוין. 7. זה איש גדול. 8. זה שולחן עתיק. 9. זאת עיר מיוחדת. 10. זה רחוב נחמד.

קפה קטן בתל אביב -"the Streets"

קפה נחמד ולא גדול. עוגות מצוינות. לחם מיוחד. בירה טובה. ויין טוב. סלטים קטנים, טובים. סטייקים מצוינים.

בקפה: אתם כותבים: אֵיזֶה, אֵיזוֹ, אֵילוּ

איזה קפה, איזו עוגה, אילו סלטים

אתם כותבים מה נכון:

1. ליד. 2. איפה. 3. היא. 4. מיוחדת. 5. נחמדות. 6. גדול, חדשים, ישנה. 7. לפעמים. 8. מיוחדים. 9. אלה. 10. גדולה, יפים. 11. מאין. 12. מיוחדות. 13. איזה. 14. איזו. 15. שתי, אחת.

שיעור 3
אתם כותבים את המספרים עם שמות העצם:

ארבעה מורים. חמישה ספרים. שולחן אחד. תשעה בתים. שישה שקלים. שבעה סטודנטים. מטבח אחד. שני כסאות. שני ילדים. עשרה בחורים. שמונה רחובות.

אתם כותבים ברבים עם שם תואר:

תלמידים טובים	ספרים מצוינים	שולחנות עתיקים
מקומות ציבוריים	כיסאות ישנים	עצים יפים
אנשים קטנים	חברים חדשים	ציורים מודרניים
הרים מיוחדים	רחובות גדולים	שיעורים נחמדים

אתם כותבים ברבים:

אנחנו גרים בבתים ישנים. אלה מקומות מיוחדים. אתם קונים בחנויות. המקלחות לא חדשות. הן נשים נחמדות. הם יושבים וקוראים בספרייה. אלה רחובות קטנים ויפים. לפעמים הם אוכלים בננות בבוקר. הן מטיילות עם חברים ליד הים. אלה דירות מיוחדות ויפות.

אתם כותבים את הפועל בצורה הנכונה:

הוא	היא	הם	הן
גר	גרה	גרים	גרות
בא	באה	באים	באות
שר	שרה	שרים	שרות
הולך	הולכת	הולכים	הולכות
לומד	לומדת	לומדים	לומדות
עובד	עובדת	עובדים	עובדות
כותב	כותבת	כותבים	כותבות
קורא	קוראת	קוראים	קוראות

אומר	אומרת	אומרים	אומרות
נוסע	נוסעת	נוסעים	נוסעות
יודע	יודעת	יודעים	יודעות
אוכל	אוכלת	אוכלים	אוכלות
יושב	יושבת	יושבים	יושבות
שותה	שותה	שותים	שותות
רוצה	רוצה	רוצים	רוצות
עושה	עושה	עושים	עושות
קונה	קונה	קונים	קונות
מדבר	מדברת	מדברים	מדברות
מטייל	מטיילת	מטיילים	מטיילות

מוזיאון בנגב

אוהל. מיטות. שולחנות. שטיחים. נשים.

מכתב מתל אביב:

גר. יפה/ נחמדה/ טובה/ חדשה... חדרים. ישנה. הולך. מסעדה/ קפה. חברים

שיעור 4
מילת היחס את

1. אני אוהבת את **אילת** ואת המלון החדש ב**אילת**.
2. אתה נוסע Ø **לירושלים** עם חברים?
3. איפה אתם קונים את הספר הזה?
4. הם אוהבים את המורה ליוגה, והם עושים Ø יוגה כל יום.
5. היא קונה Ø יין טוב. היא קונה את היין בסופרמרקט.
6. אני מכיר Ø הרבה סטודנטים, אבל אני לא מכיר את הסטודנטים החדשים.
7. הוא שותה Ø קפה קטן. הוא שותה את הקפה פה.

איפה יש ה ואיפה יש את?
1. הוא קונה את הספר החדש ליד תל אביב.
2. היא אוהבת את המוזיקה של בטהובן.
3. אנחנו לא רוצים קפה עכשיו.
4. אתם אוהבים את הסרט החדש בסינמטק?
5. אתם רוצים את העוגה הגדולה?
6. אתה מכיר את החברים החדשים?
7. היא רואה את הילדים בפארק ליד האוניברסיטה.
8. את שותה את המיץ בבית.

עשו סדר במשפט, וכתבו "את" אם צריך:
1. הוא קונה את הספר החדש באנגלית.
2. אתם מכירים את המוזיאון ברמת אביב.
3. אתן אוהבות את הפיצה הזאת.
4. היא לא אוכלת את הסלט הקטן.
5. הם רואים את החברים באוניברסיטה.

דיאלוג: בקפה "מוקה"
1. נכון. 2. לא נכון. 3. נכון. 4. נכון

אתם שמים "את" במקום הנכון:

1. אתה אוכל Ø פיצה קטנה. אתה אוכל את הפיצה בקפיטריה.
2. אתם רוצים את הדירה Ø הזאת?
3. הוא רואה Ø הרבה סרטים. הוא רואה את הסרטים במחשב.
4. אתה רוצה Ø ספר חדש? אתה רוצה את הספר הזה?
5. אני אוהב את **תל אביב** ואת הים של **תל אביב**.
6. הם אוהבים את החיים הטובים.
7. אני לא יודעת Ø סינית או יפנית.
8. הוא מכיר את המשפחה של **יעל**, אבל הוא לא מכיר את **יעל**.
9. Ø הקפה הזה Ø של **יונתן**.
10. הם גרים Ø ליד הפארק.
11. אנחנו פוגשים Ø חברים טובים במסעדה.
12. היא נוסעת Ø **לירושלים**.
13. אנחנו אוהבים את **אילן** וגם את **דנה**.
14. אתה קונה Ø הרבה בננות. אתה קונה את הבננות בחנות.
15. איפה אתה יושב Ø עכשיו?
16. אתה מכיר את **רחוב דיזנגוף**?
17. אני אוהבת מאוד את החברים של **דויד**.

מילות יחס: ב/ ל/ מ

1. ב. 2. ב. 3. ל. 4. מ. 5. מ. 6. ל. 7. ב. 8. ב. 9. ב. 10. ב, ב. 11. ל. 12. ב.

אתם כותבים לְ/ לַ, בְּ/ בַּ, מ/ מֵהַ כמו בדוגמה:

הוא נוסע לַמקום העתיק. הוא אוכל בַּמסעדה הטובה. הם באים מהחדר הקטן. אנחנו נוסעים לַעיר הגדולה. את לומדת בַּכיתה החדשה. הן באות מהספרייה הטובה. היא יושבת בַּגינה הנחמדה. את הולכת לַעבודה החדשה.

מילים

1. מחר. 2. מחפש. 3. רואה. 4. תיק. 5. זול. 6. פוגשים. 7. מכירה. 8. שבוע. 9. סרט. 10. רהיט

אתם כותבים מה נכון: את/ ל/ ב/ על

מכיר את/ גרה ב/ חושב על/ נוסע לאוניברסיטה/ נוסע באוטובוס/ יושבת בספרייה.

נכון. כי אולי שירי עכשיו בספרייה.

בישראל ובאמריקה:

בישראל: ביום שישי, בשבת באמריקה: בשבת, ביום ראשון בישראל: ביום ראשון, ביום שישי, ביום שישי

קלוז: מוזאון התנ"ך

מוזיאון, יודעים, ספרים, ישן, מטיילים, רואים, מכירים, מחפש.

שיעור 5

אתם כותבים את המילה הנכונה:

1. קוראים, כותבים. 2. בעל. 3. מחפש. 4. רצים. 5. זמן. 6. משהו. 7. מישהו. 8. לפגוש. 9. בגדים. 10. לשאול. 11. שלומך. 12. בשקט. 13. חושב. 14. מאה. 15. מהר

אתם כותבים את שם הפועל:

1. לפגוש. 2. לאכול. 3. לקרוא. 4. לנסוע. 5. לשמוע. 6. לעבוד. 7. ללבוש

אתם כותבים את המספרים:

עוגה אחת. שתי בירות. חמש נשים. תשע לחמניות. ספר אחד. שני שקלים. שלושה רחובות. חמישה חברים.

מה התשובה לשאלה:

1. ה. 2. ו. 3. ט. 4. ד. 5. ג. 6. א. 7. ב. 8. ח. 9. ז. 10. י

חזרה על פעלים ושמות פועל: א. מה נכון?

1. פוגש. 2. לעבוד. 3. אוכלת. 4. אוהבת. 5. נוסעים. 6. לומר. 7. לקרוא. 8. אוהבים. 9. לשמוע. 10. לאכול.

חזרה על פעלים ושמות פועל: ב. מה נכון?

1. מכירה. 2. הולכים. 3. עולה. 4. קוראים. 5. נוסעים. 6. מדברת. 7. יודעים. 8. אומר. 9. יודע. 10. שואל. 11. מדברת

מילים

1. אחֵר. 2. רץ. 3. מצוין. 4. רהיטים. 5. אנשים. 6. נשים. 7. של. 8. לאט. 9. עתיקה. 10. הבעל. 11. לפגוש. 12. ערים. 13. משהו. 14. מישהו. 15. מכיר. 16. חושבת. 17. את. 18. מילה. 19. ב. 20. הטובים.

ארוחה טובה

1. לא נכון. 2. לא נכון. 3. לאכול לאט, וגם לאכול בשקט ליד השולחן עם כל המשפחה ולא ליד הטלוויזיה. 4. לא נכון. 5. נכון

אתם כותבים: הרבה/ לאט/ מהר/ בשקט/ מצוין/ יפה/

1. לאט. 2. מהר/ יפה. 3. בשקט. 4. מהר. 5. מהר, מהר/ מצוין, יפה/ הרבה, הרבה. 6. הרבה. 7. הרבה. 8. מצוין/ יפה/ מהר.

שיעור 6

אתם כותבים את המילה הנכונה:

1. משחקים. 2. קל. 3. תבלינים. 4. חקלאות. 5. בלי. 6. קמים. 7. טבע. 8. הורים, יחד. 9. ארוחה. 10. חוזר. 11. טיול. 12. לרקוד

בחנות הטבע

חנות **מיוחדת**. אוכל **אורגני**. הכול **אורגני**. **לחם** מיוחד. בננות **טובות**. מיץ **טוב**. תבלינים **מיוחדים**. תה **מצוין**. לחם **קטן**.

למה? למה?....

לבוא, לרוץ, לשיר, לגור

אוי אימא...

לשאול, לבוא, לקום, לרוץ, לשיר, לגור, לבוא

הסיפור על שלגיה

בחורה יפה וגם טובה. ארמון עתיק. אימא רעה. האנשים הטובים. האימא הרעה. היא יפה ומיוחדת. שלגיה הנחמדה. במקום אחר. הארמון הנעים. מקום חדש. בית ישן. שבעה אנשים קטנים. הבית קטן אבל מיוחד. שבע מיטות. שולחן אחד. שבעה כיסאות קטנים וקשים. האנשים הקטנים. שירים נחמדים. לבית הקטן. לבית החדש. תפוח יפה. תפוחים מצוינים. פירות טובים. סיפור מעניין. שלגיה הנחמדה.

שיעור 7

אתם כותבים כמו בדוגמה:

1. לשתות. 2. לקנות. 3. לעשות. 4. לראות. 5. להיות. 6. להיות. 7. לקנות. 8. לעשות. 9. לקנות. 10. לעלות

משהו נחמד

לעשות. לעשות. לשתות. לראות. לקנות. לקנות. לשתות. לראות. רוצה

כל הבוקר/ כל הערב/ כל הזמן/ כל המשפחה/ כל הכיתה/ כל השנה/ כל השבוע

1. כל הזמן. 2. כל המשפחה. 3. כל השנה. 4. כל הבוקר. 5. כל הערב. 6. כל השבוע. 7. כל הכיתה.

סאלח שבתי

שנות. משפחה. אוהל. ארץ. לעבוד. בעיות. סרט.

שיעור 8

אתם כותבים את המילה הנכונה:

1. חולה. 2. דרך. 3. אמצע. 4. פתאום. 5. תייר. 6. חורף. 7. תמיד, מה פתאום 8. שפות. 9. חמים. 10. חלון

חזרה עד שיעור 8

1. לרדת. 2. מ, עד. 3. תמיד. 4. מעניינים, משעמם. 5. נחמדים. 6. לאן. 7. מצוין. 8. על מה. 9. אין. 10. לשבת. 11. כשרה. 12. עתיקות, מעניינים 13. כל הזמן. 14. מישהו. 15. אחרת. 16. הביתה. 17. כל אחד. 18. את ה. 19. מהר. 20. מעניינת. 21. כל שנה. 22. כל השבוע. 23. שתי. 24. עשרה. 25. מ, ל. 26. מה פתאום. 27. מחר.

שיעור 9

פיעל

1. לשלם. 2. לשחק. 3. מטיילים. 4. משלמים. 5. לחפש. 6. משחקים. 7. מחפש. 8. לדבר. 9. משחקת. 10. מקבלת. 11. מדברים. 12. מקבלים. 13. מחפש. 14. לטייל

מסיבה

סוף, מסיבה, שוק, פירות, בריא, אוכל, מתוקה, שמים

א. דיאלוג קטן

מתוק, בן כמה

ב. דיאלוג קטן

פרחים, פירות

ג. דיאלוג קטן

לשלם, מקבלים

קלוז: גורילה בספארי

תינוק/ ילד/ בן. אימא. אומר. יודעת/ לומדת. גורילה/ אימא. מחפשים. גורילות. לא. תינוק/ ילד. שנים.

שיעור 10

מסיבה במעונות
מתחילה, מזמין, מפסיק.
אימא ומירי
מפסיקה. מזמינה. מתחילה. מצליחה. מרגישה.

פרופסור מדבר עם סטודנטים
מרגישים, להסביר, מתחילים, מצליחים, מפסיקים

חזרה על הפועל עד שיעור 10

1. מתחיל. 2. מפסיק. 3. מסבירה. 4. מזמינים, מזמינים. 5. מצליח, קמה, מצליחה. 6. מדברים. 7. מטיילים. 8. מחפשות. 9. משלם. 10. מקבלות. 11. אוהבת. 12. אוכלים. 13. באה. 14. לומד/ת, לדעת. 15. מדבר, מדבר, אומר. 16. חוזרים. 17. חושב/ת, ללבוש. 18. לובשים. 19. לנסוע. 20. עובדת. 21. עולים, עושה, לבוא, פוגש, הולכים. 22. אוהבים, לקום. 23. לקנות, קונה. 24. קוראים, רואים. 25. רצות. 26. רוצה, לרקוד. 27. שואלת, יושבת. 28. שר, שומע/ת. 29. יורדים. 30. לומדות. 31. שותה. 32. בונה, רוצה, לגור. 33. משחקת. 34. בונים.

חנויות באינטרנט

אחרון, מזמינים, להזמין, מתחילים, אחרי, חשובים, מעניינים, עתיד

איך רוקדים "סלסה"?

מרגיש, מתחיל, מסביר, מצליח, מתחילים, מפסיק, מרגיש, מתחיל, להזמין

שיעור 11

א. אתם כותבים כמו בדוגמה:

1. ספר שירים. 2. אוניברסיטת תל אביב. 3. סלט אבוקדו. 4. עוגת גבינה. 5. כיסא ילדים. 6. חדר הורים. 7. חבילת שוקולד.

ב. אתם כותבים בנקבה:

1. חברת קיבוץ. 2. מורת דרך. 3. ילדת רחוב. 4. תלמידות אוניברסיטה. 5. פקידות בנק

ג. אתם כותבים ברבים:

ספרי עברית. שולחנות אוכל. בקבוקי יין. תרגילי ספורט. טיולי בוקר. חנויות פרחים. גלידות וניל. בתי קפה. חברות כנסת. סרטי ילדים.

ד. אתם כותבים ביחיד:

בגד ילדים. בית חולים. מספר טלפון. עוגת תפוחים. כרטיס אוטובוס. ארוחת ערב.

ה. אתם כותבים ברבים:

שם עצם + שם תואר		**סמיכות**	
יחיד	רבים	יחיד	רבים
בית חדש	בתים חדשים	בית כנסת	בתי כנסת
ארוחה טובה	ארוחות טובות	ארוחת שבת	ארוחות שבת
חנות חדשה	חנויות חדשות	חנות ספרים	חנויות ספרים
סלט מצוין	סלטים מצוינים	סלט ירקות	סלטי ירקות
שיחה קצרה	שיחות קצרות	שיחת טלפון	שיחות טלפון
דירה קטנה	דירות קטנות	דירת סטודנטים	דירות סטודנטים
סיפור מעניין	סיפורים מעניינים	סיפור ילדים	סיפורי ילדים

יום חדש	ימים חדשים	יום קיץ	ימי קיץ
מסיבה שמחה	מסיבות שמחות	מסיבת תלמידים	מסיבות תלמידים
תרגיל קשה	תרגילים קשים	תרגיל יוגה	תרגילי יוגה
*שולחן ישן	שולחנות ישנים	*שולחן אוכל	שולחנות אוכל
*מקום מיוחד	מקומות מיוחדים	*מקום עבודה	מקומות עבודה
*חשבון גדול	חשבונות גדולים	*חשבון טלפון	חשבונות טלפון

איפה יש סמיכות בטקסט?

אוניברסיטת תל אביב. בית קפה. חנות ספרים. ספריית סרטים. ספריית עיתונים. עיתוני ילדים. בית כנסת. דירות סטודנטים.

פיקניק בחוף הים

בית ספר, שיעורי בית, מזג אוויר, ארוחת בוקר, סלט ירקות, סלט פירות, מיץ תפוזים, שירי אהבה,

חזרה על אוצר מילים: שיעורים 10-11

1. חודש. 2. עתיד. 3. קצרים. 4. כל ה. 5. כל ה. 6. כל. 7. כל ה. 8. מזג אוויר. 9. בית חולים. 10. בקבוק. 11. נהדרת. 12. אחרי. 13. עצוב. 14. תשובות. 15. חשוב. 16. חבילה. 17. פשוטים. 18. משרד.

עד שיעור 12 תפזורת פעלים וגם מילים

1. מתכתב. 2. ממשיך. 3. שמח. 4. תשובה. 5. צעיר. 6. מרגישים. 7. להתפלל. 8. מתרחץ. 9. מתלבש. 10. כלה

<u>שיעור 12</u>
נחלאות בירושלים

שכונה, קמה, בתי כנסת, מתפללים, צעירים, מודעות, רבנים

התפעל
1. מתחתנים. 2. מתרגש. 3. מתפללים. 4. מתכתב/ת. 5. להתרחץ. 6. להתלבש.
אתם כותבים נכון: מי ראשון, שני, שלישי, רביעי...
ראשון, שני, שלישי, רביעי.
ראשונה, שנייה, שלישי. שלישי, רביעי, שלישית. שני.
יעל ראשונה, אורי שני, דינה שלישית, מיכאל רביעי.

דיאלוג
מתחתן, להתחתן, מתרגשים, מתלבשת, מתפלל, להתרחץ, להתלבש.

<u>שיעור 13</u>
מילים, מילים עד שיעור 13

1. אחרון. 2. כפר. 3. מזג האוויר. 4. תשובה. 5. כבר. 6. פשוטים. 7. קלים. 8. שמח. 9. חשבון. 10. פעמים. 11. מתוק. 12. בהצלחה. 13. מזל טוב. 14. שכונה. 15. הורים. 16. מאוחר. 17. שומר. 18. טעימה

אתם כותבים את המילים מהרשימה בצורה הנכונה:

1. מבקר. 2. טעימה. 3. קרוב. 4. חלום. 5. מאוחר. 6. שכונה. 7. לשמור. 8. נחים. 9. יותר. 10. מסורת. 11. צם. 12. כפר

א. ליד רחוב שינקין:

שוק ירקות גדול, חנויות בגדים יפות חנות ספרים טובה. בית קפה מצוין, עוגות גבינה טעימות ולא יקרות, מרכז ספורט קטן.

ב. השלימו מה יש ליד רחוב שינקין:

שוק **הירקות** גדול, חנויות הבגדים יפות, חנות הספרים טובה, בית הקפה מצוין. עוגות הגבינה טעימות ולא יקרות, וגם מרכז הספורט קרוב לבית.

ג. אתם כותבים את הסמיכות כמו בדוגמה:

1. חנות הספרים. 2. עוגות הגבינה. 3. ספר הילדים. 4. סלט הירקות. 5. מיץ הפירות. 6. תלמידי האולפן. 7. דירת הסטודנטים. 8. רחוב דיזנגוף. 9. גינות הפרחים. 10. משקפי השמש.

ד. אתם כותבים ה' רק אם צריך:

1. Ø מסעדה ליד הבית של **דויד** Ø קטנה וטובה.

2. Ø סלט העגבניות Ø מצוין.

3. Ø חנות הספורט בקניון Ø טובה מאוד.

4. Ø עוגת השוקולד בבית הקפה Ø נהדרת.

5. Ø בית הספר בשכונה Ø חדש וגדול.

6. הקפיטריה פה Ø זולה, אבל Ø מסעדת הדגים Ø יקרה.

7. Ø מרכז המוזיקה ליד Ø רחוב Ø **ויצמן**.

8. Ø בשבוע הראשון של הקיץ לא לומדים.

שיעור 14

אתם כותבים: לי, לך, לו...

1. לכם. 2. לה. 3. לך. 4. לו. 5. להן. 6. לנו. 7. לך. 8. להם. 9. להן. 10. לכם. 11. לו. 12. לה, לה. 13. לה. 14. לי.

אתם כותבים את המילים הנכונות:

1. חופש. 2. טבעת. 3. מזל. 4. ליפול. 5. לתת. 6. דבש. 7. טקס. 8. לנעול. 9. לעמוד. 10. משחק. 11. בת. 12. בדרך כלל. 13. קוראים. 14. זוג. 15. אותיות.

שיעור 15

א. אתם כותבים כמו בדוגמה:

1. לא, אין לי עיתון באנגלית. 2. כן, יש לו חיים טובים. 3. לא, אין להם הרבה ילדים. 4. לא, אין לנו טיול מחר. 5. כן, יש לי עבודה מעניינת. 6. כן, יש להם טלוויזיה בחדר.7. כן, יש לנו יין טוב. 8. כן, יש לי ספר טוב ומעניין. 9. לא, אין להן ספרים בעברית. 10. לא, אין לי יום הולדת היום. 11. כן, יש לו משפחה גדולה. 12. כן, יש להם עבודה טובה. 13. כן, יש להם מכונית חדשה. 14. לא, אין לה חבר חדש. 15. נכון, יש להן הרבה מזל.

ב. אתם כותבים כמו בדוגמה:

1. אין לו. 2. אין להם. 3. אין לו. 4. יש להם. 5. יש לי. 6. אין לי. 7. אין להן. 8. יש לו. 9. יש לנו.

מה הולך עם מה? אחד לא נכון

1. ילד, מקום, ~~ים~~ – נמוך. 2. עבודה, בעיה, ~~מסעדה~~ – קשה. 3. יד, ~~אמת~~, דרך – ארוכה. 4. ~~בית~~, יום, שיער – קצר. 5. קו, ~~גיל~~, גב – ישר. 6. אישה, מיטה, ~~שנה~~ – גבוהה. 7. ~~גשם~~, בחור, חג – דתי. 8. הר, חתן, ~~חודש~~ – גבוה. 9. אוכל, ~~סמל~~, חומוס – טעים. 10. מרכז ספורט, כפר, ~~מזג אוויר~~ – קרוב. 11. ~~מחנה~~, שכונה, מסיבה – נהדרת. 12. ~~יין~~, שוק, כלב – שחור. 13. בחורה, כלה, ~~טבעת~~ – צעירה. 14. מִשחק, ספר, ~~מֶלַח~~ – משעמם. 15. מנהג, ~~מזג אוויר~~, מקום – חשוב

יש לי בעיה – מה עושים?

א. לי, לי **ב**. לי. **ג**. לנו, לכם

חזרה - א. מה נכון?

1. מתחיל. 2. לשלם. 3. תשובה. 4. שמה. 5. מרגישים. 6. מחפש. 7. אין. 8. מכירה. 9. מפסיק. 10. מעניינים. 11. נהדר. 12. טוב. 13. רחוב. 14. תני. 15. עומדת. 16. לבן. 17. איזה. 18. איך. 19. מזמין. 20. נחים. 21. מצחיקים. 22. עובר. 23. קוראים. 24. לוקח. 25. דברים. 26. כביש. 27. כל כך.

ב. מה ההפך?

1. קונה. 2. בא. 3. יושב. 4. נח. 5. עתיק. 6. כלה. 7. מחר. 8. תשובה. 9. לוקח. 10. ארוך. 11. עונה. 12. קל. 13. שמח. 14. חולה. 15. חופש. 16. חיים טובים. 17. עולה. 18. לאט. 19. פחות. 20. ימין.

אוצר מילים – א. אתם כותבים את המילים הנכונות:

1. עונה. 2. סמל. 3. פוחד. 4. שנתיים. 5. אמת. 6. לשים לב. 7. לקחת. 8. בתוך. 9. לצייר. 10. קו. 11. שרשרת. 12. שיחות. 13. עיגול 14. בערך.

ב. מה נכון?

1. רגליים. 2. פה. 3. עיניים. 4. אוזניים. 5. ידיים. 6. לב. 7. ראש

שיעור 16

ב. מה ההפך: אתם כותבים בצורה הנכונה:

איש נמוך. רגליים ארוכות. בחור רזה. ילדה עצובה. גוף גדול. שיער לבן. עיניים שמחות. שיניים קטנות.

אוצר מילים – א. אתם כותבים את המילים הנכונות:

1. קריר. 2. קצר, ארוך. 3. כמעט. 4. מתאים. 5. לבחור. 6. אפילו. 7. סתיו, עונות. 8. צבעים. 9. ירוק. 10. סוף. 11. רופאים. 12. אש

ב. אתם כותבים את הצבע הנכון:

האדמה חומה. העצים באביב ירוקים. השמים כחולים. הלימונים צהובים. החלב לבן. העגבנייה אדומה

ג. מה ההפך: דוגמה: חם ≠ קר

אביב ≠ סתיו	קצרות ≠ ארוכות	אדמה ≠ שמיים	שמנה ≠ רזה	נמוכה ≠ גבוהה	קיץ ≠ חורף

שיעור 17

תרגיל חזרה עד שיעור 17

1. עייף. 2. אוצר. 3. קריר. 4. בערך. 5. חלומות. 6. מציירים. 7. נולד. 8. נוצרי. 9. מתנדב. 10. קרוב. 11. מוצא. 12. נמוך. 13. גבוהות. 14. שחורות. 15. צעירה. 16. שרשרת. 17. מתלבשת. 18. זוג. 19. מאוחר. 20. צרות. 21. הביתה. 22. משחק. 23. נתן. 24. מנהג.

מגילת אסתר

מגילה. שפה. לפני הספירה. שמות. מסבירה. דתי. עזרה. נולד

תרגילי פועל בעבר - א. מה נכון:

1. לבשה. 2. שלחו. 3. חזרה. 4. רחצנו. 5. שמעו. 6. כעסתי. 7. לקחתָ. 8. לבש 9. מצאתם. 10. נסעה

ב. אתם כותבים בעבר:

1. למדה. 2. אמרנו. 3. הלך. 4. ישבתי, כתבתי. 5. פגשת. 6. לקחתם. 7. חשבת. 8. שמעו. 9. עזרת. 10. מצאתי. 11. לבשת. 12. שלחתם. 13. אכלו. 14. נתנו. 15. פחדת. 16. שמרנו

ילד בקיבוץ מספר

חשבו, עבדו, למדו, ידעו, פחדו, גרו, גרו, גרנו, גרו, למדנו, עבדנו, קמנו, הלכנו, עבדנו, אכלתם, אכלנו, פגשתם, פגשנו, הלכנו, חזרנו.

שיעור 18

א. השלימו כמו בדוגמה:

1. שלך. 2. שלכם. 3. שלי, שלהם. 4. שלהם. 5. שלך. 6. שלנו. 7. שלכם. 8. שלי. 9. שלו. 10. שלה. 11. שלכם.

ב. סיפור מצחיק:

שלי, שלי, לו, שלי, לו, לו. לה, שלה, לה.

אוצר מילים – א. אתם כותבים את המילים הנכונות:

1. לישון. 2. נכדים. 3. לימודים. 4. אורחים. 5. שעתיים. 6. מפורסם. 7. בטוח. 8. רגיל

ב. משפחת סימפסון - אתם כותבים את המילים מהרשימה:

במשפחה יש אבא **הומר** ואימא **מארג'** הם ההורים. יש להם שלושה ילדים: **בארט** בן 10, **ליסה** בת 8 ויש גם ילדה קטנה **מגי**.

למארג' יש שתי אחיות: **סלמה ופאטי**. הן לא נשואות. הן הדודות של הילדים במשפחה. ולילדים יש גם סבא זקן, אבא של **הומר**. למשפחה הזאת יש גם כלב וגם חתול.

מה אנחנו יודעים על הומר סימפסון?

הומר הוא הבן של אברהם (אייב) ומונה סימפסון. הוא הבעל של מארג' סימפסון והאבא של בארט, ליסה ומגי סימפסון. הומר ומארג' נשואים הרבה שנים.

משפחה – א. דיאלוג קטן

1. שניים. 2. שניים

ב. המשפחה:

בעל ≠ אישה בן ≠ בת	בנים ≠ בנות אח ≠ אחות	סבא ≠ סבתא ילד ≠ ילדה	דוד ≠ דודה ילד צעיר ≠ ילדה צעירה	נכד ≠ נכדה בן מבוגר ≠ בת מבוגרת

צבעים:

ים כחול קפה חום/ שחור אבוקדו ירוק הדגל של ישראל כחול ולבן הדגל של קנדה אדום ולבן	הדגל של איטליה ירוק, לבן ואדום הדגל של ספרד אדום וצהוב	גבינה צהובה זיתים שחורים יין אדום עצים ירוקים עגבנייה אדומה	מלפפון ירוק חלב ויוגורט לבנים

שיעור 19

בקיבוץ עין גדי

גן, להסביר, מדבר, רגיל, צמחים, אורחים, חו"ל, חוקרים, מתנדב, לתת, לנקות, גבוהה, גומרים, צריכים, סבלנות, ביחד, חורף, מזג האוויר

מה דניאל צריך?

1. הוא צריך שעון. 2. הוא צריך שקט. 3. הוא צריך נעלי ספורט. 4. הוא צריך אייפוד טוב. 5. הוא צריך ללכת לשוק. 6. הוא צריך להתפלל כל יום. 7. הוא צריך ירקות מיוחדים. 8. הוא צריך בגד ים וכובע

אתם כותבים מה נכון:

1. פותח 2. יוצא 3. מנקה 4. בודק 5. נותן 6. גומר 7. מסדר 8. בודק 9. מוצא 10. מבקר 11. רוחץ

שיעור 20

אתם כותבים בעבר:

1. מכרתי. 2. קמתי. 3. באתן. 4. אכלת. 5. מצא. 6. קראתי. 7. יצאנו. 8. שאלת. 9. הלכנו. 10. פתח. 11. זכרת. 12. סגרנו. 13. שכחה. 14. שמתם. 15. פגשתי.

מדיבור ישיר לדיבור עקיף

ראש העיר של תל אביב אומר שכולם אוהבים את תל אביב.
הנשיא אומר שהמדינה עוזרת לסטודנטים בלי כסף.
הסטודנטים אומרים שהם לא רוצים ללמוד בספרים ישנים.
החיילת אומר שהיא רוצה עבודה יותר מעניינת בצבא.
הרופאים אומרים שהם רוצים לעשות שביתה, כי הם עובדים קשה מאוד.
חבר כנסת אומר שהוא כועס, כי אין מספיק כסף לספורט כמו טניס.
ראש הממשלה אומר שהיהודים בעולם צריכים להרגיש קשר מיוחד לישראל.
התלמידים אומרים שהם שמעו על הסרט הזה, אבל עוד לא הלכו לראות אותו.
התלמידות אומרות שאין להן כוח ללמוד עכשיו.
האישה בבנק אומרת שיש לה עבודה מצוינת.

את בנטייה א. אתם כותבים מה נכון:

1. אותן. 2. אותה, אותה. 3. אותך, אותך, אותך. 4. אותה, אותו. 5. אותו. 6. אותו, אותו. 7. אתכם, אותנו. 8. אותם, אותי. 9. אותי.

ב. אתם כותבים מה נכון:

1. אותך, אותי, אותך. 2. אותם. 3. אותו, אותה, אותו, אותה, אותו, אותה, אותם. 4. אותם. 5. אותך, אותך, אותך, אותך.

אתם כותבים: לי, לך, לך..., שלי, שלך, שלך.., אותי, אותך, אותך...

1. שלו. 2. אותן. 3. אותו. 4. שלהם. 5. אותם. 6. אתכם. 7. לו. 8. שלהם. 9. אותה. 10. לה.

מה לא מתאים?

1. צלחת. 2. נעל. 3. חייל. 4. גן חיות. 5. גיל. 6. שם. 7. כוח. 8. כלי. 9. פרסומת. 10. מתנדב. 11. שמיים. 12. פוחד. 13. אדמה. 14. עונה. 15. משוגע. 16. מרגיש. 17. חלומות. 18. מלון. 19. שעון. 20. עוזר.

קלוז: פרסומות

מכוניות, גלידה, בגדים, עיתון/ עיתונים, ילדים, ספרים, יד, עולם

שיעור 21

השלימו את המילים מהרשימה:

1. פונה. 2. כלום. 3. מגיעים. 4. תחנה. 5. מרכזית. 6. לסגור. 7. זהירות. 8. לישון. 9. פרסומות. 10. שביתה. 11. קשר. 12. רעיונות. 13. קשר. 14. מדינה. 15. נהג. 16. נשיא. 17. טעות.

יכול + שם פועל

תגידי, אני יכול לשתות משהו?	תגידי, אני יכולה לנסוע עכשיו הביתה?
תגיד, אני יכול להגיע מִפה לים?	תגידו, אתם יכולים ללכת לסרט בערב?
תגידי, אני יכול לפנות ברחוב הזה?	תגיד, היא יכולה לעבור פה את הכביש?
תגיד, אנחנו יכולות לשבת כאן?	תגידו, אתם יכולים לפגוש אותם בקפה?
תגיד, אני יכול לרדת עכשיו?	תגידו, אתם יכולים לבוא למסיבה?
תגיד, אנחנו יכולים לקחת כסף לטיול?	

שיעור 22
היה – הייתה – היו

1. עכשיו הוא בריא. אבל פעם הוא היה חולה.
2. הילדה עצובה עכשיו. פעם היא הייתה שמחה.
3. המלון הזה ישן. פעם המלון היה חדש.
4. האנשים האלה משעממים. פעם האנשים האלה היו מעניינים.
5. עכשיו החדר הזה חם. פעם החדר היה קר.
6. השיעור שלה קצר. אבל פעם השיעור שלה היה ארוך.
7. העוגה הזאת קצת ישנה. אבל פעם היא הייתה טרייה.
8. היום ההורים שלו מבוגרים. פעם הם היו צעירים.
9. עכשיו המכונית שלהם יקרה. פעם המכונית שלהם הייתה זולה.

איך היה הסרט?

הסרט היה נהדר, המוזיקה הייתה מצוינת, הסיפור היה מעניין מאוד, וכל האנשים בסרט היו טובים ונחמדים. אהבתי את הסרט הזה.

לא נכון: הסרט היה רע, המוזיקה הייתה משעממת, הסיפור לא היה חשוב, וכל האנשים בסרט היו משעממים ולא אינטליגנטים. לא אהבתי את הסרט הזה.

1. איך המסעדה החדשה? המסעדה הייתה טובה?

המסעדה הייתה יקרה. האוכל היה רגיל ולא טעים. המים לא היו קרים. המלצרים לא היו נחמדים. הכיסאות לא היו נוחים. הכול היה רע!

2. מה פתאום!

המסעדה הייתה מודרנית. האוכל היה נהדר. הלחם היה טרי וטוב. המקום היה שקט ונעים. השירות היה מצוין. זה היה קצת יקר, אבל מיוחד. הכול היה טוב!

היום ופעם

פעם המדינה הייתה צעירה והחיים היו פשוטים. המשפחות היו גדולות והדירות היו קטנות. היום הדירות גדולות והמשפחות יותר קטנות.

פעם המטבח היה קטן מאוד, אבל הוא היה מקום נעים ונחמד, היום הרבה אנשים אוכלים במסעדה.

היה רק טלפון אחד בבית, זה היה הטלפון של כל המשפחה. היום לכול אחד יש טלפון סלולרי.

פעם כולם היו חברים של כולם. גם היום יש הרבה חברים, אבל הרבה חברים הם רק באינטרנט.

אני לא יודע: פעם החיים היו יותר קלים?

אף אחד.... לא

1. אף אחד לא לוקח ספרים בספרייה. 2. אף אחד לא לובש בגדים מיוחדים לעבודה. 3. אף אחד לא הולך עם כובע ברחוב. 4. אף אחד לא הולך ברגל. 5. אף אחד לא נח בצהריים. 6. אף אחד לא אוכל רק בבית. 7. אף אחד לא זוכר מספרי טלפון. 8. אף אחד לא פוגש את האנשים בשכונה. 9. אף אחד לא כותב ושולח מכתבים ארוכים.

אף אחד, אף פעם, שום דבר (כלום)

1. אף פעם, אף פעם, אף פעם, שום דבר, כלום, כלום, אף אחד. 2. אף פעם, שום דבר, אף אחד. 3. אף אחד, כלום. 4. אף אחד, אף אחד, אף אחד, אף פעם. 5. שום דבר, אף פעם, שום דבר.

לכן

1. אין לי כסף, לכן אני לא קונה בגדים חדשים. 2. יש חופש, לכן נסעתי לאילת. 3. עכשיו קיץ, לכן הוא לבש חולצה קצרה. 4. החיים במעונות זולים ופשוטים, לכן הם גרים במעונות.

אתם כותבים מה לא נכון:

1. א. ולכן אנחנו גרים במרכז העיר. 2. ג. לכן הם לא מדברים ולא חושבים. 3. ג. ולכן אנשים לא אוהבים היסטוריה. 4. ב. לכן הם כותבים פרסומות. 5. א. לכן היא הולכת לישון מאוחר. 6. ב. לכן אנחנו עוברים את הכביש. 7. א. לכן יש להם זמן לשבת בספרייה. 8. ג. לכן אין לנו זמן לחפש דירות

תרגיל חזרה אוצר מילים עד שיעור 22 – א. אתם כותבים את המילה הנכונה:

1. בונים. 2. קמו. 3. לכן. 4. קצרים. 5. לבוא. 6. כחולות. 7. טריים. 8. ש. 9. לא. 10. צריכים. 11. מגיעים. 12. לפני. 13. הייתה. 14. לפני. 15. להגיד. 16. פונה.

ב. אוצר מילים:

1. נשוי. 2. פתרון. 3. טעות. 4. נוח. 5. לישון. 6. שביתה. 7. לסגור. 8. מאושרת. 9. מכירים. 10. דברים.

שיעור 23
ילד קטן מספר: "מה עשיתי בחופש"

הייתי, קנו, רצתה, קנו, ראינו, היה, היינו, רצינו, עשינו.

השלימו את הפעלים:

1. שתתה. 2. קנו. 3. הייתה. 4. ראיתם. 5. עשית. 6. עשית. 7. רצתה. 8. שתיתי. 9. הייתי. 10. ענית. 11. פנה. 12. בנו. 13. ענה. 14. רצתה. 15. קנו, בנו.

מילים

1. שערים. 2. חלמו. 3. שומרים. 4. עשיר. 5. קדושה. 6. חולה. 7. נקי. 8. רחוקה. 9. שמלה. 10. לעזור. 11. אבן. 12. התחלה.

שיעור 24

א. 2. מכתב מדניאלה – אתם כותבים בעבר: היה/ הייתה/ היו

השבוע היה בירושלים פסטיבל סרטים נהדר. בפסטיבל היו סרטים מכל העולם, והיו גם פרסומות נחמדות בעברית בכל מקום: ליד הסינמטק וגם בהרבה מקומות בעיר. בערב הייתה מוזיקה מצוינת בפארק ליד הסינמטק. היו פה גם אורחים חשובים מכול העולם, שבאו לפגוש אנשים ולדבר על העבודה שלהם. במסעדות היה אוכל טעים ולא יקר. אני אהבתי את זה, כי היו פה הרבה תיירים, והיה המון רעש.

איזה כיף היה פה!

כתבו בעבר: היה – הייתה - היו

1. הייתה לי שכנה נחמדה בבניין. 2. איזה כלב היה לכן? 3. היה לך זמן בערב? 4. היה לנו הרבה מזל. 5. הייתה לו הרבה עבודה השבוע. 6. לא הייתה לי סבלנות. 7. היו לה הרבה חלומות. 8. הייתה לכן פגישה חשובה בערב. 9. היו לו הרבה רעיונות והרבה תוכניות. 10. היו לך שיעורי בית? 11. לא היו להם הרבה חברים. 12. לא היה לי שום דבר בבית. 13. לא הייתה להן משפחה בארץ. 14. היו לי הרבה אורחים בערב. 15. היה להן קשר טוב עם ההורים. 16. היו לה מים חמים בדירה. 17. היו לה תנאים טובים בעבודה.

סיפור: האיש ודג הזהב

לאיש אחד לא הייתה עבודה ולא היה בית יפה והייתה לו גם אישה חולה. הוא הלך לים וראה שם דג.

הדג אמר לאיש: "אני רוצה לתת לך הכול". האיש אמר: "אני רוצה דירה יפה ואישה בריאה". הדג אמר: "בסדר", והוא נתן לו בית יפה וגם הייתה לו אישה בריאה.

אבל האיש לא היה שמח, הוא רצה עוד מתנות. הוא אמר: "אני רוצה ארמון גדול והרבה כסף ועוד הרבה דברים". אז הדג כעס מאוד.

האיש חזר הביתה ולא היה לו בית גדול ולא היה לו ארמון ולא היה לו הרבה כסף. חבל מאוד.

הכול כואב לי – א. אתם כותבים כמו בדוגמה:

כואבות לי הידיים. כואב לי הגב. כואבת לי הבטן. כואב לי כל הגוף

ב.

לא כאבו לי הידיים. לא כאב לי הגב. לא כאבה לי הבטן. לא כאב לי שום דבר.

רופא וחולה:

מרגיש, חום, לקחת, כואב, לשכב, בריא.

השלימו את המילים מהרשימה:

1. כתובת. 2. מזוודה. 3. תאריך. 4. תעודת. 5. משטרה, שוטר. 6. תחנה. 7. רפואה.

היהודים באיטליה

קהילה, מאות, מרכזים, מצב, כבש, תקופה, עזבו, בתי כנסת

יופי, זה כמעט הסוף...

1. מצוין, מצוין. 2. לנקות. 3. להתלבש. 4. שמחים. 5. לא. 6. בן חמש. 7. מישהו. 8. עשתה. 9. כואבת. 10. רופאת. 11. להזמין. 12. קרוב. 13. מתרגשת. 14. טריים. 15. לכן. 16. שלנו. 17. צעיר. 18. הייתה. 19. רחוב, מוזיאון. 20. הבית. 21. על. 22. שלו. 23. אותו. 24. לפני. 25. לכם. 26. הייתה. 27. מאוחר. 28. משעממים. 29. מצליח. 30. טעימה. 31. שלישי. 32. לא צריך. 33. מצוין. 34. לה. 35. אין לי. 36. מגיע. 37. לרדת. 38. שתיתם, שתינו. 39. קשים. 40. עוזרים. 41. בריא. 42. פתרון. 43. צעירות. 44. מתפללים. 45. פעמים. 46. דברים. 47. נקיים. 48. כואב. 49. שולחים. 50. לכן. 51. באה. 52. הייתה. 53. היה. 54. הייתה. 55. לא עונה.

שיעור 25

אתם כותבים בעבר:

1. חיפשתי. 2. ביקשת. 3. שילמתם. 4. קיבלת. 5. שיחקנו. 6. סידרנו. 7. טיילו, ביקרו. 8. סיפרה.

השלימו את המילים החסרות:

1. תרופות. 2. ויכוח. 3. בטוחים. 4. מתאים. 5. עמודים. 6. תאריכים. 7. מקדש. 8. מאמינים. 9. סלע. 10. בריכה

רבי נחמן מברסלב

מאה, מת, קשר, נפש, להאמין, רעיונות, דרך

קלוז: פטרה

אבן, מקום, סיפור, תורה, חוקרים, לא, לראות, הצליחו/הלכו, יכול, יפים

ספר השיאים של גינס

1. הכי גבוה, הכי גבוה. 2. הכי יקרה. 3. הארוך. 4. הכי חכם. 5. הכי עתיקה. 6. הכי זקנה. 7. הכי גדולה. 8. הכי קטנה.

שיעור 26

מה אנחנו רוצים לדעת על העיר אילת

1. רונית לא יודעת אם אפשר לטוס לאילת כל יום. 2. יעל שואלת אם נעים להתרחץ בים באילת. 3. דן וגלי שואלים אם יש באילת מסעדות טובות. 4. דניאל שואל אם יש באילת מוזיאון של דגים טרופיים. 5. הדס לא יודעת אם אפשר לנסוע מאילת לירדן. 6. ליאור רוצה לדעת מה יש לעשות באילת בערב. 7. שירה ומאיה שואלות אם מותר לישון באוהל על החוף. 8. אורי שואל אם יש הרים על יד אילת. 9. אורן רוצה לדעת אם אפשר לשחות בים עם דולפינים. 10. גיל ויונתן שואלים אם באילת יש הרבה תיירים בקיץ.

שיעור 27

מילים משיעור 26-27

1. חילוניים. 2. להקשיב. 3. מסכים. 4. רוב, במשך. 5. סוף סוף. 6. מאמינים. 7. מוקדם. 8. אתר. 9. לעשן. 10. צד, צד. 11. מחקר. 12. להיפגש. 13. קדימה. 14. המשכתי. 15. מחמם. 16. חלק.

מה ההפך:

חלק ≠ רוב/ כל	מוקדם ≠ מאוחר	חילוני ≠ דתי	עני ≠ עשיר
פחות ≠ יותר	קדימה ≠ אחורה	אסור ≠ מותר	בדיוק ≠ בערך

פרסומת לבית ספר מיוחד

בית הספר שלנו היה מיוחד. כל התלמידים שלנו תמיד הצליחו בבחינות, גם תלמידים שלא תמיד הקשיבו, הצליחו. המורים שלנו היו אנשים מיוחדים, הם הסבירו כל תרגיל לאט ובסבלנות, והם לא הפסיקו עד שכולם הבינו הכול.

אני יודע שאתם לא האמנתם לפרסומת הזאת, אבל זה נכון. כל תלמיד שהתחיל ללמוד בבית הספר שלנו, לא הפסיק באמצע והמשיך עד הסוף, ולכן כל אחד הצליח גם באוניברסיטה. אנחנו הזמנו אתמול את כל ההורים לבוא, לבקר ולראות את הכיתות, המחשבים והמורים שלנו.

מילת היחס עם – א. השלימו: עם - איתי, איתך, איתו, איתה, איתנו, איתכם, איתכן, איתם, איתן

1. איתנו. 2. איתך. 3. איתי. 4. איתה. 5. איתם. איתך. 7. עם, איתו. 8. איתכם.

ב. אתם כותבים מה נכון: של, שלי... את, אותי... עם, איתי...

1. שלנו. 2. אותם. 3. איתנו. 4. של. 5. איתן. 6. שלך, שלי. 7. איתו. 8. אותך, אותך, איתך. 9. שלכם. 10. איתכם. 11. איתי. 12. אותנו. 13. אותה. 14. עם. 15. איתך. 16. איתי. 17. איתם.

שיעור 28

סבתא שלי

התרחצה, התחתנה, הצטערה, התאהבו, התחתנו, התפלל, התפללה, השתמשו, התרגשה.

מילים משיעור 27-28: ילדים עייפים

פחות, מוקדם, במשך, להקשיב, ויכוחים, להחליט, שגיאות.

תרגילי סיכום

ספרים, סופרים ואוכל

אהב, רצה, חשבו, לעשות, הייתה, הצליחה, כותבים, קיבל, ידע, ראה, היו, סיפרו, עזרו, מדבר, אמר, הייתה, שוכחים, נותן.

חזרה על פעלים:

1. שואל. 2. יודע. 3. עונים. 4. מתלבשים. 5. רוחץ. 6. מחפשים. 7. מכיר. 8. שכחתי. 9. חי. 10. מדבר. 11. מספרים. 12. מבקש. 13. ביקשתי. 14. נוסעת. 15. טסים. 16. עושה. 17. מרגיש. 18. עובר. 19. מוצא. 20. לובשת. 21. לשבת, מתחיל. 22. חוזר. 23. עוזבת.

תרגיל חזרה לרמה א

1. כי. 2. השנייה. 3. הייתה. 4. שמח. 5. שתי. 6. מוקדם. 7. לשכב. 8. איתך. 9. אפשר. 10. כל הבוקר. 11. השתמשו. 12. טעימה. 13. איתו. 14. מאוחר. 15. לכם. 16. שלנו. 17. הקשיבה. 18. ל, אין לי. 19. הכתובת. 20. עני. 21. אמרתם. 22. מצאתי. 23. לשחות. 24. כל הלילה. 25. רעבים. 26. היו. 27. כואבות. 28. חם לי. 29. אחר כך. 30. אותך, אנשים. 31. החברים החדשים. 32. יכול. 33. אף אחד. 34. לכן. 35. היית, אף פעם. 36. שתתה. 37. עלינו. 38. כדאי. 39. היה. 40. היה. 41. היו. 42. הילד, בית הספר. 43. עשתה. 44. מכיר. 45. מקשיבה. 46. מסכים. 47. מכנסי הג'ינס. 48. הסכמתי. 49. המשכתי. 50. אסור. 51. נמוך. 52. ארוך. 53. ספר הילדים החדש. 54. יכולים. 55. אסור. 56. מ. 57. מצליח. 58. גבוה.

קלוז: הלוויתן שר

מדברים, חושבים/ מאמינים/ אומרים, לשיר, לשמוע, שירים/ קולות, לראות, מישהו, אין, חשובים, עוזרים.

קלוז: לומדים בבית

למדו, קראו, מאוחר/ בצהרים, לומדים, פוגשים, החברים, ללכת, כדאי, שולחות, זמן/ כוח